美国研究译丛

美国缔造的世界

〔美〕罗伯特·卡根 / 著

（Robert Kagan）

刘若楠 / 译

The World America Made

社会科学文献出版社

SOCIAL SCIENCES ACADEMIC PRESS (CHINA)

本书根据 Alfred A. Knopf 2012 年版译出

献给托尔(Tor)

导　读

美国在世界上扮演着怎样的角色？

美国应该如何与世界其他部分打交道？

美国的实力和影响是否处于衰落之中？

美国衰落后的世界将会变成什么模样？

…………

长久以来，诸如此类的问题一直是美国政策界、学术圈和思想库讨论和争论的焦点。2008 年以来，由于始自美国的全球性经济危机对西方国家的负面冲击，以及以中国为代表的非西方世界的崛起，美国的主导地位及其所代表的治理模式的稳固性都在受到深刻质疑,美国知识精英在这些问题上的争论也变得尤为激烈。

大体而言,美国知识界对上述问题的回答可以划分为以下几个宽泛的派别。

第一派是孤立主义者或新孤立主义者。根植于美国外交政策中的悠久传统,他们认为过多地卷入全球事务、承担太多的全球责任是美国实力消耗的原因。为了避免进一步衰落,美国应该以自我为中心,专注于自身事务尤其是内部事务,避免过多地卷入外部冲突和争端中,减少美国的国际承诺及其实际承担的国际义务。

第二派是现实主义者。怀着对均势政治的信念和权力滥用危险的担忧,他们倾向于认为在权力政治和不平衡发展的作用下大国兴衰和力量对比的变动是必然的现象。美国面临的问题在于避免超强实力遭到过分滥用,为了避免其他国家对美国的不满和制衡,美国应该审慎地使用自身权力,减少在全球的干预和介入,更多地采取离岸制衡的策略。通常认为,现实主义者以主张权力政治和自我利益著称,但实际上现实主义者总是站在反对美国对外干涉的前列。

第三派是自由国际主义者。他们主张美国应借助国际制度和多边主义来维持自身霸权,由于美国在二战之后缔造了一套既符合自身利益又支撑自由民主秩序的国际制度,美国具有仁慈霸权的性质。即便走向衰落,美国仍然可以借助国际制度,与民主国家盟友一道继续维持对美国利益和价值观有利的国际秩序。

第四派是新保守主义者。在他们眼中,美国作为单极强权的事实并未改变,美国实力地位的衰落更多的是一种担忧而非事实。作为自由秩序的缔造者和领导者,美国应该利用自身的超强实力,尽可能扩展自由、民主等价值观,在必要的情况下可以使用武力和依靠单边手段。

孤立主义在美国有着悠久的历史,但近几十年来由于美国的超强实力及其全球扩展,这种思潮在美国知识精英中并不普遍,反倒是在民众中有一定的代表性。现实主义曾经在冷战时期主导美国外交政策的决策制定,但在冷战后大多是以对美国外交政策的批评意见的面目出现的。在意识形态和主流价值的影响下,自由派知识分子在当今美国占据主导,因此自由国际主义和新保守主义两种思潮对冷战后美国外交政策的影响尤为明显。

自由国际主义和新保守主义都认定美国具有仁慈霸权的性质,主张美国对外政策应该反映自由民主的价值理念,致力于维护美国霸权、扩展自由秩序。但是,对于如何实现这一总体目标,两派存在巨大的分歧。具体而言,自由国际主义强调国际制度、多边机制、民主国家盟友的作用,而新保守主义强调美国有必要施展自身实力和维持自身行动的自主性,并不受到国际制度、规范和盟友的限制。

罗伯特·卡根是新保守主义阵营的代表人

物,他出版了多部专著和大量评论文章为新保守主义的外交政策理念进行鼓吹。总体而言,贯穿卡根著述的主旨是:美国是国际舞台上的单极国家和主宰力量,当今国际秩序的核心是由美国塑造的自由开放的国际经济体系以及自由民主的价值理念;一旦美国衰落,这套秩序也将不复存在;最为危险的情况是,中国、俄罗斯等威权国家的崛起或复兴将会冲击自由、民主等基本价值观念;为了防止糟糕的情况发生,美国自身以及民主国家盟友应该一道维持美国的实力和地位。

认识到卡根的核心思想,我们就不难理解这套译丛收录的三本著作中他所阐述的具体观点:他在《历史的回归和梦想的终结》中质疑那种认为自由主义已经扫除了一切敌人的"历史终结观",认为自由主义与专制主义之间的竞争仍是历史的主线;在《天堂与权力》中,他对欧洲人与美国人渐行渐远、想要享受自由秩序的好处又不愿意坚定地站在美国一边帮助维持这一秩序的做法进行诘难和讽刺;在《美国缔造的世界》中,他否认美国的实力正在走向衰落,同时又警告美国衰落将导致其缔造的自由秩序随之崩溃。

归结为一点,这三本著作都从不同侧面为美国主导下的秩序辩护,认定美国秩序不仅符合美国自身利益,而且这套秩序的扩展也符合世界其他国家和人民的利益。一如历史上的所有强盛国家,美国政府以及这个国家的知识精英们倾向于认为自己的行动是为了世界和平、正义和福祉的目的。然而,当付诸现实时,这些美好词语主要是根据居于主导地位的国家的偏好来定义的,因为它们手中掌握着定义和解释的权力。

在过去 20 年间,新保守主义与自由国际主义两种思潮在美国外交政策决策圈中的影响相互交替、此起彼伏。在最近结束的美国总统大选中,也明显表现出这两种思潮的角力,奥巴马团队中有许多自由国际主义阵营的旗手,而罗姆尼团队则主要是新保守主义阵营的大将(包括卡根在内)。

尽管奥巴马的再次当选表明,自由国际主义的风头暂时盖过了新保守主义,不过值得注意的是,这两种思想本身是同源的,它们之间的区别更多体现在维护和延续美国霸权的手段和策略上,而且在美国外交政策决策圈也存在合流的趋势。因此,关注美国国内思潮的变化,了解新保守主义的核心主张、兴衰流变及其在美国外交政策中的影响,对于观察美国国内政治、外交政策以及中美关系的发展都是十分必要的。

刘　丰

2012 年 11 月 16 日

目录 | CONTENTS

1. 序 章

在弗兰克·卡普拉(Frank Capra)导演的经
典电影《生活多美好》(*It's a Wonderful Life*)中,乔
治·贝利(George Bailey)获得了一次见识他从未
生活过的世界的机会。如果我们也能这样见识
一下美国,看一眼如果美国不是过去 60 年间塑
造世界的主导强国,那么世界将是何等模样,想
象一下美国衰落——正如现如今许多人预测的
那样——后的世界是何种情形,那是多好的一件
事啊!

我们想当然地认为今日世界就是这般——普

遍的自由、空前的全球繁荣（即使经历了当前的经济危机）以及大国之间无战争。1941 年,在世界上只有十几个民主国家。今天,已经超过100 个。在1950 年之前的四个世纪里,全球生产总值的年均增长率不到1%。自1950 年以来,增长率已经升至年均4%,数十亿人脱离了贫困。20 世纪上半叶经历了人类历史上最具毁灭性的两场战争,而且在此前的几个世纪里,大国之间的战争几乎是常态。但是,过去60 年间,大国之间再没有爆发战争。在我们生活的时代,最为人熟知的事莫过于美国和苏联之间从未发生的战争。①

当然,我们的世界的确有许多罪恶,但从人类

① 美国和中国在朝鲜战争中曾兵戎相见,不过当时一个贫穷的中国(内战刚刚结束一年)能否算得上大国是值得怀疑的。1950 年,当美国的人均 GDP 超过9000 美元时,中国只有614 美元,甚至低于比属刚果。http://www. nationmaster . com/graph/eco _ gdp_per_cap_in_195-economy-gdp-per-capita-1950.

有记录的几千年来看,我们的时代算得上是黄金时代,因为在历史上,战争、独裁和贫困是常态,和平、民主和繁荣则是例外。

一些人认为,这是人类进步不可阻挡的结果,这种进步综合了日新月异的科技、逐渐增长的全球经济、得到强化的国际制度以及自由民主制逐渐但不可避免地战胜其他政府形式——这些变革力量超越了个人和国家的行为。

但是,还有另外一种可能性存在。或许我们所享受的进步并不是人类必然进化的结果,而是一系列独特而短暂的环境的产物:国际体系中的特定权力安排有利于某种世界观。如果这些条件发生改变,如果权力发生转移,那么世界秩序的特征也会发生改变。民主制度自1950年以来扩展到一百多个国家,或许不仅仅是因为人们渴望民主,而是因为自1950年以来世界上最强大的国家是一个民主国家。或许,过去60年间全球经济令人瞩目的增长反映了由世界上首要的自由市场经济体所塑造的经济秩序。或许我们所知的和平时代与某一国家所拥有的超强权力有关。

历史表明，世界秩序是短暂的，我们时代的秩序也不例外。秩序会由盛转衰。它们所确立的制度、为它们提供指导的信念以及在这些秩序下塑造国家间关系的"规范"也会走向衰落。历史上的每一种国际秩序都反映了最强大的国家的信念和利益，而每一种国际秩序都会随着权力向有着不同信念和利益的其他国家转移而发生改变。在某些情况下，占据主导的世界秩序会崩溃到无序的境地。当罗马帝国瓦解之后，它所维持的秩序也一并衰落。不仅是罗马的政府和法律，连同一整套从北欧延伸到北非的经济体制都土崩瓦解，需要几个世纪的时间才得以重建。文化、艺术甚至科技进步都倒退了几个世纪。人们失去了"黏合剂"。

在我们所生活的时代，我们也经历了类似的世界秩序崩溃。今天我们所了解的世界是在第二次世界大战以及之前四个多世纪里形成的欧洲主导秩序瓦解后造成的混乱和毁灭中重建起来的。那种秩序远不完美：它导致了许多战争、具有侵略性的帝国主义以及对非白人种族的普遍压迫，不过它也为人类的伟大进步时代创造了条件。19世纪末，英国对海洋的控制以及欧洲大陆的大国均势提供相对安全和稳定的环境，保障了财富的增长、一定程度的个人自由以及世界通过商业和通信革命更加紧密地联系在一起——这就是我们今天所说的全球化。它在拿破仑战争之后使得大国之间维持了将近40年和平，在德国统一之后又维持了将近40年。这一秩序是如此成功，以至于许多人在20世纪之初认为人类达到了进化的顶点，大战和暴政都成为过去。

然而，随着第一次世界大战爆发，稳定和平与自由主义的时代——也是欧洲文明达到顶峰的时代——沦落为一个超民族主义、暴政和经济灾难的时代。民主制度和自由主义一度的扩张停下了脚步,随后甚至逆转,少数民主国家担惊受怕地生活在法西斯主义和集权主义邻国的阴影之下。突然之间,这个世界满是侵略性领导人在侵略性大国掌权。英国和欧洲主导的秩序在20世纪的崩溃并没有导致一个新的黑暗时代——尽管一旦纳粹德国和日本帝国赢得战争同样会变成这样——但是它所造成的灾难本身的毁灭性并不小。

当前美国秩序的终结会带来不那么可怕的后果吗?现在这个问题值得我们讨论,因为很多人正在考虑美国衰落的前景。如此多的美国知识分子、政治家和政策制定者镇定地迎接这种前景。人们普遍认为,美国主导时代的终结并不意味着当前的自由国际秩序的终结。人们期待(如果不是认定)这种秩序的积极特征——民主、繁荣以及大国之间的和平——会超出美国的实力和影响衰落的范围。政治学家约翰·伊肯伯里(G. John Ikenberry)写道,即使美国的实力下降,"自由国际秩序的根基也会继续存在和兴旺"。① 与之相伴的一种观点认为,美国衰落无论如何已经是一种生活中的现实,因此无论好坏,我们都无能为力。在这种背景下,我们有必要探究当今世界秩序在多大程度上依靠美国的权力及其独特的品质。如果国际秩序不再由美国以及与之志同道合的盟国主导,那么未来将会怎样? 谁或者什么将取代美国? 与此同时,还有一系列同样重要的问题:美国真的在衰落吗? 或者美国是否会出于衰落大国的错误恐惧而实施先发制人的自杀行为?

---

① G. John Ikenberry, "The Future of the Liberal World Order," *Foreign Affairs*, May/June 2011, p. 58.

2. 遇见乔治·贝利:美国对于 美国主导下的世界秩序 而言意味着什么?

我们为什么将当前的世界秩序称为"美国主导下的世界秩序"?美国显然并没有独自塑造国际环境。其他许多民族连同更广泛的历史力量——科技的发展、自然资源可获性的变化、长期的经济趋势以及人口增长——都在塑造今日世界。每块大陆上的民族都努力让自己摆脱贫困和毁灭,为自己以及他们的子孙后代争取更美好的生活。世界如此之大,以致没有哪个民族能够单独塑造它。然而,在任何历史时期,最强大的国家无疑在国际秩序上打上了它们的烙印,即使这仅仅是因为它们在国际体系中的相对力量优势。它们制定了许多国际行为"规范"和规则;它们塑造了经济关系的性质;它们甚至影响了思想和信仰领域,包括人们信奉神灵的方式以及政府取得合法性的形式。在许多世纪里,中国的主导力量塑造了亚洲地区数百万人的思维、言语、信仰、绘画以及贸易方式。19世纪,欧洲列强不仅向欧洲人还向非洲、亚洲和拉丁美洲等地区的千百万人强加了国际和国内行为准则。历史上曾经有埃及秩序、罗马秩序、希腊秩序、伊斯兰秩序、蒙古秩序、奥斯曼秩序以及其他许多秩序,历史学家们无疑会将第二次世界大战结束以来的秩序视为美国秩序。不过,从一种更为独特的意义上讲,称之为美国秩序并不为过。美国不仅是国际体系中最为强大的国家。当今世界最为重要的特征——民主的扩展、繁荣以及大国持久和平——直接或间接地依赖于美国的权力和影响力。没有哪个大国能够或者将会像美国一样影响世界，因为没有哪个国家拥有或者曾经拥有美国人的那些综合特质。

最重要的一些特质显而易见。美国人特殊的地理环境、资本主义经济体制、民主的政府形式以及超强的军事力量综合起来塑造了一种独特的世界秩序，完全不同于具有不同特征以及类似影响力的其他国家可能塑造的秩序。

人们可能有些不太容易理解，但对于认识美国主导下的世界秩序而言同样重要的是美国人的复杂性格。这样说不完全是为美国人的优越德行唱赞歌。一些人将美国人描绘为自由秩序的国际制度和架构富有远见的缔造者，是庞大的全球体系深思熟虑的"操作者"和"管理者"。① 但是，没有多少美国人以及非美国人认可这种描绘。在许

---

① 比如可参见 G. John Ikenberry, *Liberal Leviathan*: *The Origins*, *Crisis*, *and Transformation of the American World Order* (Princeton, N. J., 2011), chapter 1。

多方面,美国人与其他民族一样,是自私与慷慨的混合体。他们是一个有着矛盾的冲动以及对自己应该在世界上扮演何种角色具有矛盾心态的民族。

他们也是一个民族神话拥有强大力量的民族,这些神话既会给他们激励,也会给他们误导。从他们作为历史上最为强大、最有影响力和扩张性的民族这一事实出发,美国人仍然认为自己是清高、被动、自给自足以及倾向于管好自己的事情的民族。在不到两个世纪的时间里,美国人将他们的国家从一小片海岸线上的殖民地转变成一个拥有历史上空前实力和影响力的全球性超级大国。不过,听听美国人说的,他们都像葛丽泰·嘉宝(Greta Garbo)一样,只想孑然独处。在他们的民族神话中,他们长达两个世纪平定北美大陆——一个有西班牙人、法国人、俄罗斯人以及土著人聚居的地区——的努力并不是一种征服,而是在一片荒无人烟的边境上和平定居。美国人不要"跨洋出海、扫荡群魔",这是约翰·昆西·亚当斯(John Quincy Adams)的话中经常为人引用的名言。如果有人指出美国人实际上经常这么做,那么他们会将自己描绘为"勉为其难的警长"(reluctant sheriff)——他们把腿抬到桌上读着报纸,直到一群不法分子闯进小镇,迫使他们拔枪出套——不论是面对日本军国主义者、纳粹分子、苏联共产主义者,还是面对伊斯兰圣战者,都是如此。"美国从来没有因为我们随心所欲而开战,"一位声名显赫的政治家几年前说,"我们只是因为情势所迫而开战。"①

然而,这种自我认知——尽管有些真诚——

---

① "勉为其难的警长"这个词是由理查德·哈斯发明的,参见 Richard N. Haass, *Reluctant Sheriff: The United States After the Cold War* (New York, 1997)。这句话引自约翰·克里(John Kerry)在 2004 年民主党全国代表大会上接受该党总统候选人提名后发表的演讲。

与现实相去甚远。自 19 世纪末美国成为世界大国以来,美国人曾数十次动用军事力量,而且很少有几次是因为他们别无选择。① 他们曾出兵墨西哥和中美洲国家,迫使不喜欢的领导人下台;他们曾向古巴的西班牙人和菲律宾寻求独立的游击队开战;他们曾与中国的反西方力量以及越南和朝

①　1898 ~ 1928 年,美国人进行海外干涉超过二十多次,大多数是在西半球,但有 1 次在欧洲,2 次在遥远的东亚。此后,在经历相对平息的 10 年之后,美国从 1941 到 1965 年打了 3 场大战:二战、朝鲜战争和越南战争,此外还在黎巴嫩(1958 年)和多米尼加(1965 年)进行了较小规模的干涉。越战后的休整持续了不到 10 年,但是从 1989 年到 2011 年,美国部署了数量众多的武装部队,进行了 10 次包括空中打击和导弹袭击在内的军事行动:巴拿马(1989 年)、索马里(1992 年)、海地(1994 年)、波斯尼亚(1995 ~ 1996 年)、科索沃(1999 年)、阿富汗(2001 年)、伊拉克(1991 年、1998 年和 2003 年)以及最近的利比亚战争,平均每两年就有一场大规模军事干涉。

鲜的共产主义者开战,并两次向欧洲出兵数百万;他们曾与中东、中亚和非洲的独裁者和圣战分子开战。他们这么做的理由有许多:保护自己免受遥远的威胁、维护经济利益、保护人们免遭杀戮、抗击侵略、对抗暴政以及支持民主等。远甚于当今世界其他任何民主国家的人们,美国人认为战争是一种合法的甚至是基本的外交政策工具。①现代国家特别是现代民主国家的人很少像美国人一样崇拜他们的军事英雄——无论是过去还是现在。不过,每一次参战时,美国人都自己许诺以后再也不会这么做。

他们甚至会对民主事业产生怀疑,尽管民主

---

① 几乎有80%的美国人认为,"在某些情况下,战争是实现正义的必要手段",而这一比例在法国、德国、意大利和西班牙为20%。参见"跨大西洋趋势"(Transatlantic Trends)项目近年来所作的民意调查,该项目是由美国的杰曼·马歇尔基金会资助的。

与他们的关系是如此密切。即便是伍德罗·威尔逊(Woodrow Wilson)时代的美国人也没有一项按照自己的想法塑造世界的宏大计划。美国人常常对独裁者视而不见,与他们结盟,对他们提供援助,与他们做交易。美国人并不是传教士。但是,他们也无法逃避他们的民主身份、民主良心,以及他们关于"全人类的事业"——正如本·富兰克林(Ben Franklin)所说——是自身特殊事业的信念。作为美国人,就要相信并且忠于美国人(而且只有美国人)喜欢说的"我们的生活方式"。由于相信他们的立国原则是普世的,他们用同样严格的标准来衡量其他所有民族。这种高度意识形态化的世界观告诉他们,所有非民主的政府本质上都是不合法的,并且由此是短暂的。即便是约翰·昆西·亚当斯在那篇警告不要"扫荡群魔"的演说中也规劝欧洲的各民族以美国人为榜样,针对维持几个世纪之久的君主体制发动革命:"你们去做同样的事情!"

美国人通常所做的不仅仅是规劝。他们甚至远涉重洋，打败群魔。一个世纪之前，被打败的独裁者是何塞·桑托斯·萨拉亚（José Santos Zelaya）和维克托里亚诺·韦尔塔（Victoriano Huerta）。近些年被打败的独裁者有曼纽尔·诺列加（Manuel Noriega）、斯洛博丹·米洛舍维奇（Slobodan Milosevic）、毛拉·奥马尔（Mullah Omar）、萨达姆·侯赛因（Saddam Hussein）以及穆阿迈尔·卡扎菲（Muammar Qaddafi），他们的统治甚至生命因为美国的军事力量而终结。然而，在对这些独裁者采取行动时，美国人也通常受到犹豫不决的困扰。他们讨厌成本——无论是物质上还是精神上的。战争的代价是高昂的，而占领更是如此。他们也不断遭遇运用权力时不可避免的道德困惑。解放一个民族需要运用征服他们一样的野蛮力量，即使是道德的战争也会产生不道德的后果。没有哪个民族或者国家能够在运用战争和胁迫手段时还能指望自己的双手是干净的。

美国人从来没有坦然面对这些残酷的生活现实。他们赖以立国的意识形态中包含着普世主义与个人主义之间无法调和的紧张关系，一方面相信每个人都必须行使自己的个人权利，另一方面则认为这些权利中最为重要的是不受干涉的权利。这使得美国人对于权力有着复杂而怀疑的心理，即使是他们自己拥有的权力，而这种矛盾经常让他们无所适从。当他们侵略和占领一个国家之后不久，他们就开始寻找退出的机会。批评者认为，美国在这方面不如大英帝国，英国人在几个世纪里对于统治其他民族并没有任何道德上的不安。他们相信自己有统治的使命，他们建立了一支专业的帝国管理队伍以及一个常设的殖民机构。在许多人眼中，美国人也是"帝国主义者"，但如果真是这样，他们也是不情愿的、有良心的、三心二意的帝国主义者。他们并不希望拥有殖民地，即使是他们曾经占有和管理几十年的殖民地。他们也没有训练有素的队伍来重建和管理被他们

17

侵略和占领的国家。如果让他们拥有这样一种能力,那么等于承认他们实际上有意进行对外干涉和占领。美国人会在海外驻军几十年之久,就算没有人预先告诉他们,他们也会这么做。[①] 但是,他们从来没有认为自己会长期介入到他国事务的管理中,即使他们在一些外国领土上驻军长达半个世纪甚至更长时间。

考虑所有这些,我们就不会惊讶美国人对于他们的全球领导角色的矛盾心态。当美国在第一次世界大战之后首次面对承担起责任的挑战时,大多数美国人都犹豫迟疑。直到第二次世界大战之后,许多美国人对他们在 20 世纪 30 年代的节制感到羞愧和担忧之时,美国人才勉强接受了美国在世界事务中不同寻常的责任。不过,这是一种

①　如果迪安·艾奇逊在 1949 年北约成立时告诉美国人,美国军队到了 21 世纪还将驻留在欧洲,那么他可能会被迫辞职。

令人畏惧而且最初不太受人欢迎的重任,美国最初承担起这一重任并不是出于高尚的目的,而是为了应对人们所感受到的苏联威胁。当他宣布这是"任何国家所面对的最为可怕的责任"时,哈里·杜鲁门(Harry Truman)说出了许多人的心声。[1] 当然,除了怀疑之外,大多数美国人还是对他们的特殊地位感到一丝满足。在扬基体育馆每场比赛第七局之后的休息时间,球迷们都会起立,向为捍卫自由和"我们的生活方式"而"驻守全球各地的美军士兵默默祈祷"。这是为美国士兵的颂扬,不过无疑也是为这个国家在全球的角色感到骄傲的表现。"我们都是美国人:我们属于一个比自己更广泛的群体。"乔治·H. W. 布什(George H. W. Bush)在第一次海湾战争前夕宣

---

① Geir Lundestad, *The United States and Western Europe Since 1945: From "Empire" by Invitation to Transatlantic Drift* (Oxford, 2005), p. 35.

布:"两个世纪以来,我们努力捍卫自由。"即便是今天,美国总统和政客们还是会说美国是"自由世界的领袖"(贝拉克·奥巴马,Barack Obama)、"不可或缺的国家"(玛德琳·奥尔布赖特,Madeleine Albright),是"世界所依赖的全球领袖"(希拉里·克林顿,Hillary Clinton)。当然,说出这样的话也意味着骄傲消退和忧虑加重,正是这几位领导人开始讨论有必要关注"美国国内的国家建设"。

在外交政策上,美国人被撕裂到了有"精神分裂症"的地步。他们开始时并不情愿,后来又积极进攻;开始时错失良机,后来又仓促行事;开始时漠不关心,后来又良心不安,再后来又漠不关心;他们开始时出于责任感而采取行动,后来又厌恶和担心责任的负担。并不令人惊讶的是,他们对世界造成的影响通常不是他们想要的结果。美国人说他们希望国际体系保持稳定,但是他们常常是稳定的最大阻碍。他们赞扬国际法和国际制度的优点,但随后又毫不犹豫地违反和忽视了它们。美国是一个革命性大国,但是自认为是一个维持现状的大国。美国人希望孑然独处,却不愿让别人独处。他们不断用自己的行为让世界感到震惊,不过并不及他们带给自己的震惊。

温斯顿·丘吉尔(Winston Churchill)曾说,我们总是可以指望美国人做正确的事,只不过是在用尽其他所有选项之后。他是在用间接的恭维来嘲讽美国人。在20世纪上半叶,丘吉尔看到了美国人有许多次试图做错事。他看到他们置身于欧洲的第一次世界大战之外,直到几乎来不及阻止德国的胜利。在两次大战之间的岁月里,他看到他们拒绝参加国联,后来又焦急地等待他们放弃中立、投入到抗击希特勒的战争中,而他们直到"珍珠港事件"之后有些来不及的情况下才这样做。在冷战之初,他发现美国人对苏联威胁不够重视,后来他又发现美国人过于强硬。他见识了美国人的自私,不过他也惊讶于"美国的利他主义,她将公正无私表现到了极致"。他将美国比作

"大锅炉",安静而冰冷,直到"火在下面燃烧起来",随后"产生无止境的能量"。① 最重要的是,他发现美国人是普通人,既不是恶魔也不是天使。

这是需要时刻注意的。正是由人民组成的民族,而不是上帝或天使,塑造了这个世界。这就是为什么美国塑造的现行秩序常常是润物细无声的,并且尽管有它的特点和缺陷,但仍然越来越好。据说德意志统一的总设计师奥托·冯·俾斯麦(Otto von Bismarck)说过,"上帝不会关照醉汉、傻瓜和美国"。这或许也扩展到了美国人所建立和维持的世界秩序,尽管他们自己不会这么说。

① Martin Gilbert, *Churchill and America* (New York, 2008), pp. 102, 399, 245.

3. 美国缔造的世界

　　具有讽刺意味的是美国所展现出的各种品质的奇妙组合,尽管并不都令人赞赏,不都那么神圣而且不都带着有效领导的明显特征,却成为美国外交政策的一种独特优势。在一段时间里,美国已成为一个强有力的(尽管有时是难以预知和常常是无意的)世界变革代理人——一个危险的国家。不过,美国人的矛盾心理以及自我意识的缺乏,反而使他们令人畏惧的实力看起来没那么有威胁。美国人如果确实有个计划的话,那么将是很可怕的。尽管他们用实力塑造了这个世界,他们特有的精力不集中、使自己远离世界的明确愿望,常常将他们变成总受挫折的盟友。一个令人困惑的对手,但是也是一个不那么强求、不那么可怕的霸权。

这些品质需要用六十多年来美国通过巩固其与欧洲的经济和战略联盟从而为当今的自由主义世界秩序奠定基础来加以证明。如今的欧洲大概已经是明日黄花,我们已经进入了"亚洲世纪",因此很容易被人们遗忘的是,现在我们所熟知的世界——让亚洲得以繁荣起来的一套政治、经济和战略秩序——建立在二战后欧洲的废墟之上。繁荣的产生也仅仅是因为,美国为欧洲难以解决的问题提供了一个新颖的解决办法。

19 世纪中叶后的欧洲强国陷入了无法摆脱的悲剧局面,有太多强大而且野心勃勃的大国由于太邻近从而难以给彼此留下一点安全空间。欧洲的均势已经运转了相当长的时间,但是它也会陷入周期性的、灾难性的失败。1850 ~ 1945 年,法国和德国(开始是普鲁士)之间爆发了 3 次战争,分别发生在 1870 年、1914 年和 1940 年。俄国和德国之间爆发了 2 次战争。英国和法国联合起来与俄国开战 1 次。在这些大战的间隙，随着局势日益紧张，时常爆发一些接近战争状态的冲突，特别是在巴尔干地区以及在非洲和东亚的殖民地交界处。即使欧洲均势有效地维持了和平，那也是通过持续的战争威胁、向争议海域派遣舰队以及危急中威胁动员地面部队来实现的。大国之间难以摆脱这种不安全的循环状态，欧洲已成为全副武装的大国之间地缘政治竞争的战场。即使欧洲有着共同的文化和文明，有着一个日益融合和相互依赖的经济，以及一些国家统治家族中的亲缘关系，此时也都变得不重要了。

美国勉为其难地加入了进来。即使在二战后，大多数美国人仍没有想到美国会成为一个全球性强国。尽管大都是模糊的想象，但维护世界和平以某种方式成为了美国的职责。战争结束时，杜鲁门政府返回了大洋彼岸，迅速遣散了武装部队、削减防御开支,并且将欧洲建立成为能够独立抵御苏联的"第三支力量"。这就是"马歇尔计划"和其他增进欧洲自信、重建经济以及化敌人为欧洲共同体的最初目的。然而很快欧洲人就表示出对于成为"第三支力量"以及能够独当一面并不感兴趣。他们要求"美国的部队"留在"他们与红军之间",并且保证复兴的德国在控制之下。[1] 相比美国而言,北约联盟其实更是欧洲的主意,他们"对帝国发出邀请",而美国只是在最初计划无望的情况下不得已接受了这一邀请。[2]

乔治·凯南(George Kennan)反对成立北约以及任何扩大美国在欧洲存在的想法。他担心美国"无论在制度上还是性情上都无法适应成为一个大帝国",并且倾向于"逐步地从欧洲西欧安全的

---

[1] John Lewis Gaddis, *The Long Peace*: *Inquiries into the History of the Cold War* (Oxford, 1989), p. 65.

[2] John Lewis Gaddis, *We Now Know*: *Rethinking Cold War History* (Oxford, 1998), p. 49.

基本义务中"摆脱出来。① 但恰是美国的局限性和犹豫使它成为跨大西洋"帝国"最具吸引力的领导者。与苏联控制东欧相比,在地理上和情感上都远离欧洲的、大洋彼岸的超级大国,对于欧洲人来说是解决他们困境的完美的局势扭转者。美国在地理上的遥远足以使它成为一个不那么具有威胁的霸权,而且没有敌国相邻的处境也使其能够在千里之外的国内持续地保有大量强大的军队。美国是一个民主国家,这一点也是有好处的。不仅是因为美国与英国和法国有共同的价值观,而且还因为历史学家约翰·刘易斯·加迪斯(John Lewis Gaddis)曾经说过的,他们与盟友共处的方式具备一种民主的品质,这种品质确实允许弱小的盟国实行非帝国的自治。②

二战后美国在东亚地区也起到了同样关键的

---

① Gaddis, *Long Peace*, pp. 70, 63.

② Gaddis, *We Now Know*, p. 43.

作用。19 世纪末以来,那里也经常发生邻国之间大规模的战争。日本和中国在 1895～1945 年开战 3 次,数以千万计的人为此丧生,绝大多数是中国人。日本和俄国之间爆发了 2 次战争。朝鲜半岛在许多冲突中都是战场,而且朝鲜半岛的内战还将美国与中国都卷了进来。在东亚,美国介入并且起到维持安全的作用并没有阻止战争的爆发——美国自己就在朝鲜半岛以及越南作战——但是它确实结束了该地区大国之间的战争状态。美国与日本如此紧密的安全关系恰恰是其在德国所起作用的翻版。该地区最有侵略性的国家开始大举经商,人们的巨大能量转移到了经济增长、技术创新和世界贸易上来。

回顾美国在 1945 年之后所解决的重大地缘政治问题是有意义的,因为如果没有解决这些问题,今天的世界将会面目全非。美国在欧洲和亚洲建立的战略关系成为冷战中自由世界的支柱、全球经济的引擎、民主世界拓展的核心,以及抑制战争和大国冲突的首要保障。经过一段时间之后，在美国领导下建立的自我约束的自由主义秩序无论在经济上、军事上还是政治上，对其主要对手苏联及其努力建立的全球共产主义秩序而言都是极其强大的。美国秩序成为世界主导秩序。莫斯科的前卫星国迫不及待地加入"西方"，这使得民主世界空前繁荣，我们今天仍然获益于此。

在这一系列转变中，没有什么是必不可少的。没有任何深谋远虑，没有任何革新性的目的，也没有黑格尔辩证法指出二战后自由主义会取得胜利。那些生活在这一伟大世界中的人们倾向于认为，过去 60 年间，无论是全球民主扩张还是以自由贸易和市场为代表的自由主义经济秩序的繁荣都只不过是人类进步的一个正常阶段而已。我们相信民主的胜利就是观念的胜利，市场资本主义的胜利就是优越制度的胜利，这两个胜利都是不可逆转的。

这是令人欣慰的想法,但是历史却演绎了不同的故事。民主进步和自由经济都已经而且可以被逆转或半途而废。希腊、罗马共和国和威尼斯的古代民主都败给了实力更大的强权或者自己的失误。19世纪末20世纪初,发展中的自由主义经济秩序在20世纪二三十年代崩溃。好的观念并不只是因为它是好的就一定胜利。它需要强权来实现。

想一想在过去的两个世纪中民主的兴衰吧。从美国独立战争到19世纪末,世界上能被称为民主的国家不超过五个。1848年欧洲出现的一场自由和宪政革命也被镇压了下去。但19世纪末民主国家出现了增长。1900年之前世界上约有十几个民主国家,这一惊人的增长使得当时许多人相信民主革命将席卷全球。

之后,第一次世界大战爆发,英国、法国和美国取得了胜利。民主政府在欧洲遍地开花,包括被击败的德国、奥地利和奥斯曼土耳其,还有芬兰、波兰和希腊以及拉丁美洲。1920 年,民主国家的数量迅速翻倍。历史学家詹姆斯·布赖斯(James Bryce)及其他一些学者惊叹,无论这一"民主趋势"是否有短期波动,它都是"一个自然而然的趋势,归因于社会进步的一般法则"。[①] 正如英国经济学家 J. A. 霍布森(J. A. Hobson)事后所说,民主"在世界绝大多数国家取得了进步应该说是政治演进自然而然的目的所在。即使那些不相信它的人也认为它势不可挡"。[②]

然而 20 世纪二三十年代的时候,趋势的方向发生了变化。正如塞缪尔·亨廷顿所说,这是"一个回潮"。这始于 1922 年墨索里尼在意大利的法西斯统治。在此之后,在立陶宛、波兰、拉脱维亚

---

① 转引自 Samuel P. Huntington, *The Third Wave: Democratization in the Late Twentieth Century* (Norman, Okla. , 1993), p. 17。

② 转引自 John Keane, *The Life and Death of Democracy* (New York, 2009), p. 573。

和爱沙尼亚的新生民主政权垮台。再后来就是1930年代德国的希特勒和其他纳粹分子侵占奥地利,占领捷克斯洛伐克。1936年希腊民主崩溃,同年西班牙民主政府让位给佛朗哥及其法西斯政权。军队推翻了葡萄牙、西班牙、乌拉圭和阿根廷的民主政府。1930年代日本的民主也成为军政权的外衣。在三个大洲,虚弱的民主政府让位给利用民主体系脆弱性的集权势力,其他民主国家则陷入经济衰退的旋涡。这里也存在一个涟漪效应,法西斯主义在一个国家的成功强化了其他地方类似的运动。西班牙法西斯分子获得了来自德国和意大利法西斯政权的军事援助。1939年之前,第二次世界大战爆发前夜,民主国家的数量已经锐减至不足12个。过去40年间所有的民主成就灰飞烟灭。

第一次世界大战之后的一段时期表明,不仅民主成就会被逆转,民主观念也并不一定都会在观念竞争中取胜。这并不仅是民主政权被推翻的问题,正如霍布森的观察,民主观念"遭到怀疑"。① 它势不可挡的势头已经消失。许多人不相信民主政府是更好的政府形式。

法西斯政府看起来更强有力、更精力充沛、更有效而且更有能力在困难时期提供保障。它对民族主义情绪也的确有吸引力。德国魏玛民主政权的诸多弱点以及意大利、西班牙民主政府的虚弱和短命使得人们容易被希特勒、墨索里尼和佛朗哥所吸引,正如 20 世纪 90 年代脆弱的俄国民主一样,使得普京这个至少在一段时间内对民众有吸引力的领导人建立了更有权威的政府。这显示出人类并不仅仅渴望自由、自治、个体性和获得肯定。特别是在困难时期,他们也渴望安全、秩序、在更大集体中的归属感,以及一些融合了自治和个体性的东西。独裁政府能够比民主

① 转引自 John Keane, *The Life and Death of Democracy* (New York, 2009), p. 573。

政府更好地提供这些东西。人们也愿意追随成功者。20世纪二三十年代,民主的资本主义国家看起来比强有力的法西斯政权和斯大林的苏联要虚弱。

又一场大战以及民主国家联盟(以及苏联)对法西斯政府的又一次胜利再次逆转了潮流。美国通过武力和长时间的占领将民主强加给了联邦德国、意大利、日本、奥地利和韩国。随着民主政府的胜利以及人们对法西斯失去信任,许多国家相继走上了民主之路。希腊和土耳其向民主方向转变,巴西、阿根廷、秘鲁、厄瓜多尔、委内瑞拉和哥伦比亚也是如此。还有一些由于欧洲放弃殖民地而诞生的新兴国家也尝试建立民主政府,最突出的例子就是印度。1950年之前,民主国家的数量已经上升至20~30个,代表了将近40%的世界人口。

这一胜利是观念的胜利还是军事力量的胜利,是人类进步不可避免的结果还是像亨廷顿所言,是"历史上不相关的事件"?① 正如所发生的事实那样,证据随后证明了即使是二战后巨大的民主浪潮也不是不可逆转的。另一个"回潮"出现在20世纪50年代末到70年代初。秘鲁、巴西、阿根廷、玻利维亚、智利、乌拉圭、厄瓜多尔、韩国、菲律宾、巴基斯坦、印度尼西亚和希腊都退回到了威权统治。在非洲,尼日利亚是去殖民化的新兴国家中民主垮台的最显著例子。

到1975年,世界范围内有三十多个军人政府。② 不仅如此,这一回潮还发生在全球 GDP 显著增长的时期。1950 ~ 1975 年,全球经济实现最大程度的增长,此后就开始显著下降。因此,虽然一些国家开启了经济发展的进程,尽管政治科学家们认为这对民主非常有利,但事实上,世界民主国家的数量却在下降。20 世纪 70 年代,甚至 80

---

① Huntington, *Third Wave*, p. 40.
② Huntington, *Third Wave*, p. 21.

年代初,没有多少人认为民主是势不可挡的。直到 1984 年,亨廷顿本人也认为,"世界民主发展的极限"已经到来。他指出,一些主要的文化传统对民主的"不接受"以及"反民主政府的实际力量"(特指苏联)导致民主前景暗淡。①

然后,出乎意料地出现了"第三波"。从 20 世纪 70 年代末到 90 年代初,世界上民主国家的数量惊人地达到了 120 个,代表了超过一半的世界人口。而且在"阿拉伯之春"中我们看到了"第三波"的延续,或者可以说是"第四波"。民主的扩张如今已经进入"第五波"到来的十年,这是历史上历时最长也是范围最广的扩张。尽管在拉丁美洲和原苏联范围内的一些地方有倒退,但我们目前还看不到回潮的迹象。

---

① Samuel P. Huntington, "Will More Countries Become Democratic?" *Political Science Quarterly* 99 (Summer 1984); quoted in Larry Diamond, *The Spirit of Democracy* (New York, 2009), p. 10.

如何解释在 20 世纪最后 25 年间民主化的持续成功呢？这不仅仅是因为全球经济的稳步上升和对自由、自治和肯定的一般追求。还有其他重要的因素，尽管不是充分条件。我们假设，一直以来人类天生就有对自治和肯定的渴求，这不会被其他关切和天生的渴求所取代。1950～1973 年的经济增长比之后的年份要快。但是，无论是人类的渴求还是经济发展都没有阻止 20 世纪 60 年代和 70 年代初民主趋势的反复。直到"第三波"，世界上的许多国家在民主和集权主义之间摇摆不定，以一种周期性的而且几乎可以预见到的方式出现。"第三波"中最值得注意的是民主和独裁之间的这种轮替被打断了。国家进入了一个民主阶段并且保持了下去。这是为什么呢？

答案与世界实力与观念的格局有关。20 世纪70 年代中期以后的国际环境对民主更有利，而对独裁政府的挑战却比从前更大。在亨廷顿的研究中，他指出了在第二次梵蒂冈大公会议上关于秩序和革命的天主教教义的变化。这些变化倾向于削弱天主教国家威权政府的合法性。欧洲共同体的日益成功和吸引力的上升同时影响了像葡萄牙、希腊和西班牙这些国家的国内政策，它们为了获得欧共体成员国的经济好处，有动力巩固国内的民主规范。这些规范日益成为了国际规范，但这些规范也不是无处不在，比如像一些物种的自然进化那样。正如亨廷顿所指出的，"民主规范的说服力很大程度上依赖于世界上最强大国家对这些规范的信奉"。①

实际上，美国在民主扩张中起到了关键性的作用。不过，这并不是因为美国长久以来在世界范围内推进民主的政策。美国从前并没有这样做。在冷战的不同时期，美国的政策通常是支持独裁政权成为与共产主义战斗的战场，或者是对政权性质漠不关心。美国甚至允许并且时不时地

---

① Huntington, *Third Wave*, p. 47.

鼓励推翻它认为不可靠的民主政权,如 1953 年伊朗的摩萨台政权、1954 年危地马拉的阿本斯政权、1973 年智利的阿连德政权。有时,美国外交政策几乎是敌视民主。理查德·尼克松(Richard Nixon)认为民主"对于亚洲人、非洲人和拉丁美洲人来说,并不一定是最好的政府形式"。①

当美国支持民主政府时,它也并非完全出于对民主原则的忠诚,而通常是出于战略的考虑。比如,里根政府的官员相信民主政府可能确实比独裁政府能更好地阻挡共产主义。并且美国通常是要对当地民众的要求作出反馈,作出一个它本不想做的决定,那就是在支持不受欢迎但追随美国的独裁政权与"同人民站在一起"之间作出选择。20 世纪80 年代,如果罗纳德·里根(Ronald Reagan)不是遭

---

① Odd Arne Westad, *The Global Cold War: Third World Interventions and the Making of Our Times* (Cambridge, U. K., 2009), p. 196.

到菲律宾的"人民力量"的反对,他就有可能倾向于支持费迪南德·马科斯(Ferdinand Marcos)的独裁政权。只是在少数几个案例中,比如在老布什1989年入侵巴拿马以及比尔·克林顿1994年对海地的干涉中,美国寻求政权变更确实主要是出于为民主原则作贡献的考虑。

然而,从20世纪70年代中期开始,美国在总体上开始倾向于对独裁政权采取更严厉的态度。由人权倡导者所主导的美国国会开始调节或削减美国对威权盟友的援助,从而削弱了后者对权力的控制力。在1975年的《赫尔辛基宣言》中,一份关于人权问题的提案引起了对苏东集团不同政见者和其他反对者的关注。美国总统吉米·卡特(Jimmy Carter)将焦点集中在苏联、拉丁美洲以及其他地区的右翼政府的人权行为上。美国的国际信息广播服务,如美国之音(Voice of America)、自由欧洲电台/自由电台(Radio Free Europe/Radio Liberty)在它们的节目中更加强调民主和人权。里根政府一开始试图撤掉卡特的人权议程,最后却支持它,并且将推进民主作为其国家政策的一部分。即使是在这一时期,美国的政策也远远谈不上是连贯的。许多独裁政权盟友,特别是在中东地区,不仅没有受损,反而通过美国的经济和军事援助得到了强有力的支持。但是与欧洲的努力相结合,美国政策转变的网络效应不可小视。

"第三波"于 1974 年始于葡萄牙,在那里"康乃馨革命"结束了长达半个世纪的独裁统治。正如民主专家拉里·戴蒙德(Larry Diamond)所言,革命尚未开始。美国和欧洲的民主国家起到了关键作用,它们"为支持民主党派……提供了巨额投资"。[①] 在其后的 15 年间,美国使用了各种手段,包括直接的军事干涉在内,在全球范围内支持民主转型,并且阻止有损脆弱民主政权的行为。在多米尼加共和国,当长期执政的总统拒绝交出权

---

① Diamond, *Spirit of Democracy*, p. 5.

力时,卡特威胁使用军事手段。1983 年,里根派兵入侵格林纳达,在一次军事政变之后民主政府得以恢复。1986 年在菲律宾,为了阻止已经败选的马科斯强行宣布选举无效,美国威胁使用军事手段。1989 年,老布什派兵入侵巴拿马从而给那里带来了民主,此前军事强人曼纽尔·诺列加已经废除了巴拿马的选举。贯穿这一时期,美国动用其影响力阻止了洪都拉斯、玻利维亚、萨尔瓦多、秘鲁和韩国的军事政变。在其他地区,美国敦促总统们的执政时间不要超过宪法规定的年限。据亨廷顿的总体估计,在大约 15 年的过程中,美国支持的"重点集中在多米尼加共和国、格林纳达、萨尔多瓦、危地马拉、洪都拉斯、乌拉圭、秘鲁、厄瓜多尔、巴拿马和菲律宾的民主化上",而且"在葡萄牙、智利、波兰、韩国、玻利维亚和中国台湾地区的民主化进程中,美国都是一个推动者"。①

---

① Huntington, *Third Wave*, p. 98.

在全球和地区层面上的许多发展对于20世纪70年代和80年代民主化趋势的产生都有所助益，即使是在美国不具有那么大影响力的情况下，仍会出现民主化浪潮。关键的问题在于这股浪潮能否扩大和持久。欧洲和日本作为稳定的民主区域有着强大的吸引力。自由市场和自由贸易体系的表现比共产主义集团停滞的经济更加出色，特别是在信息革命来临之际。美国以及其他成功民主国家的活力有益于建立一个即使不是普遍性的，也是广泛性的共识，这就是对民主政府更多的认可，而对威权政府更少的同情。

戴蒙德和其他学者已经指出，这些"全球民主规范前所未有地反映在地区和国际的制度和协议中"①是何等重要。这些规范对国家的国内进程也有影响，规范使得威权主义者更难以掀起政治和经济风暴，并且使得民主运动更容易获得合法性。

---

① Diamond, *Spirit of Democracy*, p. 13.

但是"规范"也是转瞬即逝的。在20世纪30年代,引领潮流的国家是法西斯独裁国家。50年代和60年代变成社会主义盛行。但是从70年代开始直至今日,美国和其他一些民主国家引领了潮流。它们将民主原则推广——一些人认为是强加——并且植入了国际制度和协议中。

同样重要的是美国在阻止民主尚未根深蒂固的国家中民主倒退时的作用。美国最重要的贡献可能是阻止了针对羽翼渐丰的民主政府的军事政变。在某种程度上,美国干预了所谓的自然循环,阻止正常情况下国家"应该"按部就班地进入威权主义阶段。不仅如此,美国还起到了"麦田守望者"的作用,阻止年轻的民主国家陷入岌岌可危的境地,比如像菲律宾、哥伦比亚、巴拿马。这些给予了"第三波"额外的喘息时机和持久性。

最后,苏联走向解体,一起崩溃的还有东欧所有的共产主义政府,民主政权在这些国家得以建立。美国在促进苏联体系瓦解的问题上发挥了多大作用始终是一个有争议的话题。无须怀疑的是,无论是在军事遏制苏联帝国方面,还是在经济和技术上表现得更为卓越方面,美国都起到了一些作用。遍及东欧的民主主要也不是美国所为。华约国家中的人民早就渴望脱离苏联,获得自由。他们想要加入西欧,因为西欧提供了一个比美国更有吸引力的经济和社会模式。由此,它们一致选择了民主政府,然而这并不仅仅是出于对自由和舒适的渴望。这也反映出了中东欧人民希望置身于美国安全保护伞之下的愿望。因此,战略、经济、政治和意识形态是无法分离的。这些国家先是想成为北约的一员,后来又想加入欧盟,它们明白自己除了表示出对民主的信任之外别无选择。如果世界格局不是如此,这些将"第三波"促成"民主海啸"的民主转型将不会出现。事实上,一个民主、团结和繁荣的西欧对其东边的邻国有着强大的吸引力,这得益于美国在二战后的举措。

在任何国际体系中,权力和观念的格局都同样影响着体系内国家的政府形式。我们可以将20世纪末民主运动的命运与1848年横扫欧洲的自由革命相比较。"人民之春"运动开始于法国,它包括了自由改革者、立宪主义者、处于上升阶段的中产阶级代表,还有激进的工人和社会主义者。在几周之间,他们推翻了国王和王储,并且动摇了德意志、意大利、法国、波兰、奥地利、匈牙利和罗马尼亚的王位。然而,最终自由运动失败了,部分是因为缺乏凝聚力,部分是由于独裁当权者的强力镇压。普鲁士军队帮助击败了德意志公国内的自由运动。俄国沙皇命令他的军队开进罗马尼亚和匈牙利。数万抗议者在街头被杀害。剑锋还是比笔头更强大。

值得注意的是,更具自由主义倾向的强国英国和法国在整个自由运动中却保持了中立,即便恰是法国自身的革命激发并鼓励了泛欧洲运动。英国的君主和贵族惧怕国内的激进主义。与援助自由主义伙伴相比,法国和英国都更关心维持大国之间的和平。欧洲五强之间维持均势对各地的反革命力量都是有利的,"人民之春"运动被镇压了。[①] 因此在其后的几十年间,欧洲反对自由主义的力量得到了加强。

学者们推断,如果1848年的自由革命成功了,那么欧洲和世界的演进将会有何不同。具体而言,如果国家统一是在象征着自由的议会体制下实现,而不是由俾斯麦这位"铁血宰相"依靠霍亨索伦王朝领导的保守的普鲁士军队通过战争手段统一德国,德国的历史将如何开启。正如历史学家 A. 泰勒所说,1848年历史出现了一个转折点,但是德国"没有转变过来"。[②] 俾斯麦曾教导民众,"时代的重大问题不是靠演讲和多数的决定解决

① Mike Rapport, *1848: Year of Revolution* (New York, 2009), p. 409.

② A. J. P. Taylor, *The Course of German History* (1945; London, 2001), p. 71.

的,……而是靠血和铁",①德国是否会从 1848 年的历史中获得与此不一样的心得？但是当时的国际体系并没有一个鼓励自由和民主转变的格局。19 世纪的欧洲均势并不欢迎民主,因此民主在任何地方都没有成功毫不意外。②

我们也可以推测,如果没有美国发挥塑造有利于民主的国际环境的作用,世界的演进将会有何不同。此外,如果美国不再有那么强的实力来起作用的话,世界又将如何发展。民主转型并非势不可挡,即使在一些条件成熟的地区也是如此。国家可能会进入一个经济上、社会上和政治上的转型区,在转型区内国家向民主方向前进的可能

---

① Rapport, *1848：Year of Revolution*, pp. 401 – 402.
② 正如亨廷顿根据乔纳森·桑沙因(Jonathan Sunshine)的研究所指出的那样,"1830 年以前,欧洲的外部势力主要是反民主的,因此阻碍了民主化。1830 ~ 1930 年,……外部环境是中性的,……因此民主化在不同国家以与其经济和社会发展相当的步伐推进"。Huntington, *Third Wave*, p. 86。

性增加或减少。然而来自外国的影响,特别是君主制的大国,对于变革的发展方向来说就通常是灾难性的。愿意通过支持保守力量反对自由运动的强大威权国家也能够破坏民主的自然进化,正如强大的民主国家能够帮助只依靠自身就可能失败的自由力量。20 世纪 80 年代,与 19 世纪 40 年代一样,由于各种各样的原因,自由主义运动在不同的国家兴起,但是它们的成功与失败都受到国际层面的均势的影响。在美国主导的时代,均势通常对民主是有利的,因为均势有助于解释为什么 20 世纪的自由主义革命能够成功。假如美国不是如此强大的话,就不会有多少民主转型,即使出现了民主转型也可能是转瞬即逝的。如果是这样,那么"第三波"将会更容易遭到逆转。①

----

① 正如亨廷顿所说,"如果没有美国推进民主化进程,将意味着民主化转型的减少和滞后"。Huntington, *Third Wave*, p. 98。

美国对近来阿拉伯世界的骚乱的回应就是其在没有什么计划和意图的情况下如何影响民主趋势的一个范例。2004～2010年，美国一直在适度地向阿拉伯国家增加压力，敦促它们采取温和的政治改革，尽管美国并没有竭尽全力，也没有一碗水端平。一位突尼斯店主的自焚点燃了整个地区的运动，然而美国却意识到自己正在减弱对长期盟友的支持，如对埃及的胡斯尼·穆巴拉克（Hosni Mubarak），随后凭借着人道主义的冲动，美国动用武力阻止卡扎菲在班加西对利比亚人的屠杀。美国并未打算赶走这些独裁者，但是在这两个国家，美国不得不选择支持人民的立场，而人民纷纷呼吁他们下台。一旦作出了这些难以预料的决定，美国的实力就成为塑造阿拉伯政治骚乱发源地和国际环境的决定性因素。法国和英国冲锋在前，但是这两个国家都不能凝聚国际支持，也不能在没有美国的情况下有效地使用武力。美国所做的比它能做的要少得多，但是它的所作所为的确起到了重大作用。假如美国的实力减弱，在国际体系中的影响力小于俄罗斯和中国，这一地区的独裁者就不太可能面临如此大的压力，也不会下台或被推翻。

　　具有讽刺意味但并不罕见的是，美国人帮助推翻了中东的独裁者，但是他们并不确定接下来将会出现什么。在一些阿拉伯国家，伊斯兰党派的必然胜利可能会带来一个不如之前独裁政权那样符合部分美国利益的政府。这已经不是第一次了。在菲律宾，美国帮助驱逐了马科斯，但是后马科斯时代的民主政府却将美国驱逐出了菲律宾的空军和海军基地。在拉丁美洲、亚洲和其他地区，作为美国的盟友，与它们所取代的独裁政权相比，新生民主政权在一些方面是更难以信赖的。美国所推翻的独裁政权也并不总是被民主政权所取代。1979年美国放弃对伊朗国王的支持反而招来了强烈的反美运动以及不民主的伊斯兰神权政治上位，这引来了在近期中东动乱中许多类似的担忧。

无论如何,民主政府的迅速蔓延是美国主导的世界秩序的产物。无论失去了什么具体的利益,美国通过在一个更和平的世界和更开放的经济体系中实现更广泛利益的方式得到了补偿。民主国家之间极少爆发战争以及政治上的自由政权更倾向于自由主义经济体系是十分明确的事实。通常情况下,美国在自由主义世界秩序中的持久利益超越了其他更狭隘和短暂的利益,美国失去了埃及这个盟友,但是仍然获得了一个更好的世界秩序。这可能就是为什么即使美国的直接利益与之不符,美国仍然有可能在一些情况下选择支持民主运动,而且有时只是宣称的民主运动。正是美国的这一偏好,也就是经常不做算计地支持举起民主大旗的阵营的冲动,成为促进和维持现行世界秩序中高水平民主化的过程中非常重要的一部分。无论是否正确,美国人相信民主是政府的最好形式而且对于任何人和任何地区都是唯一合法的政府形式,如果不是美国人相信民主并且采取相应的行动,那么近几十年的民主拓展将不会出现。

当前的自由主义经济秩序的建立与政治秩序的产生如出一辙。如今,人们通常认为国际自由市场体系只是全球经济演进的一个自然阶段。全球化的力量、交通和技术领域的革命,以及国家和人们之间日益加深的相互依赖,缔造了一个既势不可挡又自我维持的体系。

但是历史告诫我们,自由主义国际经济体系也不是势不可挡的。自由市场和全球自由贸易并不是自然而然就出现的。这是一种选择,而且也是强国强加于弱国的结果。正如政治学家罗伯特·吉尔平(Robert Gilpin)所言,"除非有最强大的国家在背后支持,自由主义国际经济体系就不会产生和维持下去"。① 如果人们希望强化自由主

---

① Robert Gilpin, *U. S. Power and the Multinational Corporation: The Political Economy of Foreign Direct Investment* (New York, 1975), p. 85.

义经济体系,那么技术创新和社会趋势就能够支持并且加强这一秩序。但是,必须是人们和国家需要它,特别是最强大的国家(也就是主导国家)需要它。由于国家几乎不做根本上违背最重要国家利益的事情,因此主导国家必须相信自由主义国际经济秩序是增进财富和实力最好的方式。

如今,自由主义经济秩序符合每个人的利益,并且所有国家都支持它已成为共识。然而,作为一个历史性的事件,几乎完全相悖的情况也可能发生。没有什么国家通过密切与国际自由贸易经济的关系来获得收益,也几乎没有国家有缔造并维持自由经济的意愿和能力。事实上,在民族国家出现的近代,只有两个国家这样做:19世纪的英国和20世纪的美国。[①] 在最近几个世纪里,其他

---

① 在19世纪中期以前,英国与其他殖民大国一样,倾向于殖民化和封闭市场的重商主义。从18世纪末到19世纪初,美国也是一个奉行保护主义的国家,试图培育其不太成熟的产业。

强大的霸权国,像 16 世纪的奥斯曼土耳其帝国和菲利普二世的西班牙、17 世纪和 18 世纪的法国、19 世纪和 20 世纪的德国以及苏联,都几乎没有获益于自由市场、自由贸易和自由主义经济秩序。因此,这些大国都没有试图缔造这样的秩序也就在情理之中了。

我们今天所熟知的全球自由市场经济是由英国在 19 世纪创造的,当英国在两次大战期间风雨飘摇的时候,自由主义经济秩序并没有被顺利地传递给新的支持者,它崩溃了。在两次大战之间,唯一可能有能力、有利益也有愿望维持全球自由市场秩序的国家就是美国,但是 20 世纪二三十年代的美国对于扮演这样的角色并不感兴趣。获得二战胜利之后,美国才接过了缔造并维持自由主义经济秩序的责任,自由主义经济秩序的范围也仅限于苏联和中国控制以外的地区。自由主义经济秩序是一个选择,并不是发展中必然出现的结果。

对于英国和美国来说,自由市场和自由贸易

所主导的秩序反映了这两个大国的特殊品质和需求，因为两国都是发达的民主资本主义工业国家，而且关键是两国都是拥有强大海军的"孤岛"国家。但是，即使是英国和美国也不是一直都欢迎自由贸易体系。从 17 世纪到 19 世纪初，英国都是一个重商主义国家。英美两国在接受自由贸易之前都经历了漫长的保护主义时期。然而，在两国的权力顶峰时，也就是英国在 19 世纪中期，美国在 20 世纪时，两国都从市场开放和自由贸易中获益最多。两国先进的工业处于主导地位，两国势头强劲的经济受益于产品的出口和资本的输出。当两国的竞争者都还大多是陆地国家并且依赖它们维持航道通畅时，英美强大的海军控制了海洋并且主导了贸易航线。

这两项特质——对海洋和自由市场资本主义的主导——成就了英国和美国在当今全球经济的领先地位。英美不仅享受着它们所主导的开放经济体系，而且也从其他国家和民族的经济发展中深受裨益。资本主义者不会从那些既不需要也不提供产品的人那里获得海外利益。无论英国还是美国都有强大的、自利的援助他人的动机,而且甚至为别人作出短暂的牺牲以实现建立出口和投资有利可图的市场的长期目标。与英国相比,有利于美国情况更是如此。因为英国在控制大量殖民地的同时进入了这一经济发展阶段。而美国,用马克思的话说,是一个"新殖民主义者",美国在享受主导开放市场以及相应渠道的同时,免于承担负担、成本以及其他维持殖民地所需的限制。对美国的解决措施最好的诠释就是"马歇尔计划"和对日政策,美国的目的是在战后帮助欧洲和日本的经济回到正常轨道上来。美国人"为世界市场的有效运转提供了必要的公共产品,因为美国人能够从中获益"。①

---

① Robert Gilpin, *War and Change in World Politics* (Cambridge, U. K. , 1983), p. 139.

美国的经济利益与其所偏好的全球安全战略的高度契合对美国来说十分便利。通过振兴欧洲和日本的经济,美国在没有增加军事义务的同时强化了欧洲和日本对苏联的防御。这是对一个既涉及战略又涉及经济的问题所提供的完美的资本主义解决方案。

这一自利行为的副作用就是全球经济前所未有的增长时期,增长不仅局限在大西洋两岸而且也出现在发展中国家。正如约翰·肯尼斯·加尔布雷斯(John Kenneth Galbraith)所言,"富裕国家的经历是非常简短的。纵观整个历史,它们几乎都是很贫穷的"。① 在美国霸权时期,全球经济促成了历史上最大规模也是最长时期的繁荣。1950~2000年,世界年均 GDP 增长为 3.9%,而 1820~1950 年仅有 1.6%,据估计,1500~1820 年的增长

---

① John Kenneth Galbraith, *The Affluent Society* (1958; New York, 1998), p. 1.

率更是仅有0.3%。与过去相比,不断增长的繁荣也更为广泛地惠及全世界。即使在 19 世纪末 20 世纪初,当英国和其他欧洲殖民宗主国向其殖民地投资和与之进行贸易时,经济增长的主要获益者是欧洲人。对于印度、中国以及亚洲其他地区的人们来说,在英国和欧洲的殖民主义时期,经济增长率却是表现平平(1820 ~ 1870 年为 0.03%;1870 ~ 1913 年为 0.94%;1913 ~ 1950 年为 0.9%)。然而,1950 年之后,亚洲的增长率赶上甚至超过了欧洲和美国的增长速度(1950 ~ 1973 年为 5.18%;1973 ~ 1998 年为 5.46%)。① 仅在 1980 ~

① Angus Maddison, *The World Economy*, Vol. 1, *A Millennial Perspective*, and Vol. 2, *Historical Statistics* (Paris, 2007), 1:262 (available online at http://www.keepeek.com/Digital-Asset-Management/ oecd/development/the-world-economy _ 9789264022621-en; accessed December 2, 2011). The figures exclude Japan.

2002 年,世界贸易总量就增长了三倍多。①

结果促成了非欧洲国家的人们经济状况的极大改善。正如经济学家保罗·科利尔(Paul Collier)所言,在繁荣时代来临之初,世界大致将 1000 万富人和 5000 万穷人分割开来,绝大多数的穷人居住在大西洋两岸之外的地区。② 在 21 世纪之初,4000 万穷人开始挣脱贫穷。这一时期的全球繁荣惠及了世界上大量的贫困人口,并且创造了一些崛起的经济大国,如中国、巴西、土耳其、印度以及南非,这些国家曾经大部分人都非常贫穷。经济的极速增长并不直接是美国的原因。中国的邓小平推行的国家政策以及其他国家的政府,加

① Ian Bremmer, *The End of the Free Market: Who Wins the War Between States and Corporations?* (New York, 2010), p. 19.

② Paul Collier, *The Bottom Billion: Why the Poorest Countries Are Failing and What Can Be Done About It* (Oxford, 2007), pp. 3 – 8.

上各国人民辛勤的工作和创业技巧,成就了新的繁荣。然而这些经济成就发生在一个适应这些资质的总体环境之中,也就是一个相对和平的国际体系中,在这个体系中贸易越来越自由和安全,并且主导国家在其他国家的经济增长中有利可图。

但情况并不必然如此。苏联显然难以从自由市场中获益,中国在 1970 年代末期转向市场经济之前也是一样。缺乏强大海军实力的大陆强国通常都倾向于封闭的市场,因为它们可以通过具有优势的陆上力量进行控制。中华帝国几个世纪以来一直有效地封闭自己并拒绝外来贸易,直到在西方强国的强迫下才打开国门。同样,即使是近代欧洲陆上强国也经常寻求封闭性的经济秩序。这恰是拿破仑的目标,为了让英国这个岛国对自己屈膝投降,他通过大陆体系将欧洲大陆转变为一个封闭性的贸易体系。从 19 世纪末到希特勒时期,德国的目的也一直是如此,那就是征服并且控制东欧和法国的土地,以便从那里攫取原材料和劳动力。甚至拥有强大海军的帝国主义岛国日本也寻求建立一个封闭的亚洲经济区,就是所谓的"大东亚共荣圈",在其中日本处于主导地位并且可以将其他的大国排除在外。

在二战之后的一些年中,许多发展中国家没有选择资本主义市场模式,部分是因为它们不相信自己能够在与主导国家的竞争中取胜。世界财富的增长并没有解决国家内部以及国家之间日益严重的收入不平等。相反,收入不平等被强化了。所以,自由市场和自由贸易经济并不是到哪里都能够被自愿而又愉快地接受。美国和英国此前可能还认为自由市场和自由贸易体系给予了发展中国家致富的机会。但是,正如一位学者所观察到的,这些"机会"总是得"强加到为难的伙伴身上,……自由贸易是强国的政策"。①

美国人通常相信自由市场就应该胜于任何经

---

① Gilpin, *U. S. Power*, pp. 85, 84.

济秩序,只是因为它是好的。实际上,资本主义也会失败。资本主义看起来无法避免的兴衰循环周期性地令人产生质疑。资本主义企业家试图找到聪明的方法与体系进行博弈,有时会使体系本身崩溃。在20世纪二三十年代,许多欧洲人甚至一些美国人相信资本主义就像马克思所预言的那样,注定会毁灭自己。在70年代的高油价和经济停滞时期,各种各样的国家主义模式,如日本所采取的那样,看起来更成功。现在,次贷危机和大衰退,加上欧盟的财政危机,再次引发了世界范围内对资本主义的质疑,并且促使许多人考虑是否中国式的政府深度参与模式会更好。

有时,好的观点在明显优越的情况下也并不一定就能够占据上风,20世纪初就出现过类似的教训。一战之前的10年间,欧洲经济增长达到了惊人的5%,当时海上的"唯一超级大国"英国也将贸易和投资拓展到了欧洲大陆和全世界。由无线电报和海上蒸汽船两项新发明激发的"全球化"对

19世纪晚期的人们来说是一个奇迹,正如当今技术推动的全球化对我们来说是奇迹一样。全球化同样也对全球经济产生了促进作用。约翰·梅纳德·凯恩斯(John Maynard Keynes)将其称为一个"经济乐园",过了一段时间之后他认为这一国际经济大繁荣并未被"军国主义和帝国主义举动、激进的和文化上的对手、垄断者、限制政策和排外政策所阻断"。[①]

然而,经济繁荣突然被打破。首先是一战的爆发造成了数以千万计的死伤以及严重削弱国力的大规模战争开支。随之而来的是在法西斯国家和苏联产生的国家主导的经济,在战后短暂时期胜过失败民主政权的独裁政权适应了和平时期政府主导的战争经济。最后一根稻草出现在 20 年代,发达经济体纷纷从自由贸易转向高关税的保

---

① John Maynard Keynes, *The Economic Consequences of the Peace* (New York, 1920), pp. 10, 12.

护主义,然后持续的全球萧条接踵而至。一战及战后经济和贸易政策摧毁了欧洲的自由主义经济秩序。

尽管技术进步、通信和交通变革以及其他因素促使贸易和市场更加自由,但这些因素既不能保证也不会提供可靠的措施保证符合大国的意愿并阻止人类的愚蠢。许多国家从自由主义经济秩序中获益并且希望它能够得以维持。但是,正如一战所表明的,国家还有经济之外的利益。

当然,大国之间的战争对于国际体系性变革来说通常是灾难性的,它扫荡了陈旧的世界秩序,艰难缔造出了全新的秩序。战争摧毁了全球经济,重塑规范和意识形态并且改变了人们的思维方式、生活方式和信仰。这些正是拿破仑战争以及两次世界大战的影响,战争不仅重塑了国际体系,而且引起了俄国和中国的革命,从而从根本上塑造了国际秩序。即使是大国之间的有限冲突也会改变国际体系的性质:法国和普鲁士之间的战争催生了一个全新的、统一的德国,从此断送了欧洲未来的和平;日俄战争宣告了日本成为主宰东亚的大国,从此断送了该地区未来的和平。

许多人认为大国间的战争不会再出现了。在美国占据主导的时代,大国间的和平不是暂时的,而是人类的一个持久的新状态,是物种向前进化的新阶段,是不会被逆转的。"民主和平论"主张,由于民主国家几乎不会与其他民主国家开战,所以民主的扩展必然会减少战争爆发的几率。许多人相信经济依赖也会抑制战争:与其他国家进行贸易并且依赖彼此经济繁荣的国家没有开战的理由。如果说历史上战争的主要原因是对领土的争夺,那么今天许多人认为拥有市场和技术与占领领土相比更重要。因此,国家为什么还要为领土开战呢?

甚至有些人认为,人类已经抛弃了历史上暴力的倾向。他们已经被"社会化"从而追求和平和非暴力。进化心理学家史蒂芬·平克(Steven Pinker)指出,1945 年以来死于战争、种族冲突和军事政变的人大幅度减少,他认为过去人类对自身的残暴已经"显著减少"。人们对彼此有了更多的关怀;人们已经认识到和平合作比冲突和竞争更有好处;人们也更为珍视人类的生命。[1] 因为人类有了这些现代世界中相互强化的特性,所以难怪政治学家们会作出判断认为,大国间的战争并不仅仅是不可能的而且"简直难以想象"。[2]

这是一个吸引人的观点。美国人、欧洲人和其他从启蒙运动中成长起来的人倾向于认为历史发展有一个方向,无论是直线的还是辩证的都是

[1] Steven Pinker, "Why Is There Peace?" *Greater Good*: *The Science of a Meaningful Life*, April 1, 2009, http://greatergood. berkeley. edu/article/item/why_is_there_peace/. 他引用了詹姆斯·佩恩(James Payne)、罗伯特·怀特(Robert Wright)和彼得·辛格(Peter Singer)在这个问题上的论述。

[2] Robert Jervis, "Theories of War in an Era of Leading-Power Peace," *American Political Science Review* 96, No. 1 (March 2002).

向前进步的,因为人类会控制和塑造自然世界和人的本性。三百年前启蒙时代的哲人预见到了理性会逐渐取代人的动物本能。在国际领域,他们看到了商业共和国的崛起终结了战争。他们相信国家之间日益增多的商业往来会使国家行为变得温和,并且可以抑制人类原始的、暴力的冲动。他们期待着基于理性的法律和制度治理国家的那一天。

这种思潮的鼎盛时期出现在整整一个世纪之前。20 世纪伊始,进步时代的领导人就宣称"民族国家的时代已经过去"。"商业需求"比"国家的意愿更强大"。① 英国作家诺曼·安吉尔(Norman Angell)在 1910 年出版的著作《大幻觉》中指出,战争的目标通常是征服领土,但是在现代商业时代,财富"源自于信誉和商业契约",而不是对土地的

---

① Robert Osgood, *Ideals and Self-Interest in America's Foreign Relations: The Great Transformation of the Twentieth Century* (1953; Chicago, 1964), pp. 92 – 94.

控制。先进国家之间的战争会摧毁战争发动者和受害者。即使是征服者也无法从人口锐减的土地和被摧毁的工业中获益,因此大国之间的战争是极不理性的。在一个日益民主和商业化的世界,无论普通人还是银行家都不会接受战争。[①]

安吉尔的著作在一个世纪以前销售了 200 万本,而且认为其有说服力的不止有和平主义者。当时还是一位年轻议员的温斯顿·丘吉尔认为"这些彼此相互依赖、商业活动相互交织的国家"绝不会"威胁到现代世界的安宁"。至于德国人,"他们是我们最好的消费者,而且如果他们出了任何问题,我不知道我们的国家去哪里寻找市场"。[②] 20 世纪

---

① Norman Angell, *The Great Illusion: A Study of the Relation of Military Power in Nations to Their Economic and Social Advantage* (New York and London, 1910).

② Randolph S. Churchill, *Winston Churchill: Young Statesman, 1901 – 1914* (Boston, 1967), pp. 101, 494.

之初,即使西奥多·罗斯福(Theodore Roosevelt)也认为,由于"日益强化的相互依赖和国际政治经济关系的复杂性","文明大国之间的战争将变得越来越少"。[①]

还有其他的原因让人们看到了希望。许多人认为现代武器杀伤力太强,现代战争太可怕,所以人们绝不会选择战争。[②] 世界上的大国已经"失去

---

① Theodore Roosevelt, second annual message to Congress, December 2, 1902, 转引自 Strobe Talbott, *The Great Experiment*: *The Story of Ancient Empires*, *Modern States*, *and the Quest for a Global Nation* (New York, 2008), p. 138; Theodore Roosevelt, first annual message to Congress, December 3, 1901, quoted in James R. Holmes, *Theodore Roosevelt and World Order*: *Police Power in International Relations* (Dulles, Va., 2006), p. 69。

② 伊万·布鲁赫(Ivan Bloch)认为,"未来的战争"将"不再是打仗,而是饥荒;不是杀人,而是国家的破产"。Donald Kagan, *On the Origins of War and the Preservation of Peace* (New York, 1996), p. 3.

了战争的心理冲动"。① 无线电报、海上客轮和大范围的铁路网络使得来自不同国家的人们可以相互借鉴。民族主义和排外思想被世界主义认同所替代。20世纪之初国际条约与和平会议大量涌现。各个国家签署了几十项仲裁协议,承诺将冲突诉诸法庭而不是战争。海牙的和平会议诞生了限制特定武器和不人道战争方式的条约,其中不人道的战争方式中包括以飞艇轰炸城市以及使用芥子气等。

　　所有这些为崭新且永久的和平达成的协议之所以变得如此重要是因为在20世纪第一个十年之前,大国之间已经有几乎40年没有爆发战争了。② 回顾前几个世纪中大国间持续的战争,这样

---

① Martin Gilbert, *The First World War*: *A Complete History* (New York, 2004), p. 12.

② 1904～1905年的日俄战争没有被计算在内,因为当时的大多数人并不会将一个非欧洲国家当做一个"大国"。

长的和平时间令人惊讶。因此人们很自然地将其视为一个永久的状态，而不是大战的间歇。人们认为有一些东西发生了根本性的转变，人类已经演进到了一个新的高度。

尽管在当时看来，这样的判断是合理的，但是我们现在知道这是错的。然而，在安吉尔的畅销书出版后仅仅4年，历史上最惨烈、最具破坏性的第一次世界大战就爆发了，这反映了一整代人憧憬的破灭。他们无法想象国家领导人会不理性地行事，无法想象他们会牺牲经济利益，甚至为野心和恐惧赔上自己的财富，无法想象他们会将领土视为有价值的战争目标，不假思索地将所有令人恐惧的武器用在对手身上，也无法想象领导人会违背墨迹未干的国际协议，然而所有这些都得到了被民族主义自豪煽动起来的人民的强烈支持。

今天，我们依然缺乏类似的想象。传统观点再次出现，那就是大国之间的冲突"简直难以想象"。就连论据也一样:经济相互依赖、全球化、领土的无关紧要、民主的拓展、核时代无法想象的战争破坏力。国家和人类已经被社会化因而追求和平胜于战争的信仰,国家和人类更加珍视生命并且对彼此更具关怀,所有这些都使得大国战争变得不理性因而也不可能。而且,长达60年没有大国冲突的和平也再一次增加了这些论据的说服力。

但是我们不像我们的前人那样有理由相信人类已经到了一个新的启蒙阶段。20世纪初的乐观主义者没有目睹两次世界大战、种族屠杀以及其他我们自认为先进的时代所发生的恐怖事件。他们没有目睹纳粹主义和法西斯主义的兴起。然而我们却看到了这一切,从历史的角度看,就是不久前的事。也就是在70年前,美国还在与帝国主义日本、纳粹德国和法西斯意大利作战。也就是在35年前,亨利·基辛格(Henry Kissinger)要求美国人民要适应苏联长期存在的现状,尽管苏联有着数千枚瞄准美国和欧洲城市的核弹头,而美国也有类似数量的核弹头瞄准苏联。20 世纪是历史上最血腥的时期,而我们刚刚进入 21 世纪十余年。因此,在数万年战争频发的历史背景下,我们现在就下结论认为几十年的和平以及一些技术创新会改变人性和国际关系的本质还为时过早。

人们正确地指出,民主、自由市场、自由贸易经济体系的扩展是维持大国和平的重要因素。不过他们的错误在于,认为这些条件是充分的或者自我维持的。实际上,它们只是大国和平的结果,而不是原因,1914 年,民主和繁荣并没有带来大国战争的结束,但是大国战争的确终结了它们。

平克认为,战争死亡数量的长时段下降开始于 1945 年,而这正是美国主导的世界秩序开始之时。这种巧合令他困惑不已,但是不会让我们感到困惑。美国的实力是维持大国和平的最主要因素,它也是民主的扩展和自由主义经济秩序得以创建和维持的主要因素。但是,美国最重要的角色是抑制和防范体系内的其他大国以曾经导致战争的方式展开竞争和争夺。

我们很难测量并未发生的事件,猜想如果美国没有扮演其在过去 65 年间所扮演的角色将会爆发怎样的战争。我们的唯一指南是历史以及对大国通常的行为方式的总体理解。比如,我们知道在美国加入世界版图、改变欧洲和亚洲的力量格局之前这两个地区是什么模样。在第一次世界大战中战败后,德国试图重新武装起来,夺回失去的领土和失去的荣耀,防范过去的敌人,重新回到强国行列。从 19 世纪末开始,日本一直试图成为地区霸主,觊觎亚洲大陆上的领土。但是,当二战后美国的实力加入这些方程之后,这两个国家都走上了完全不同的道路,它们周围的国家也是如此。如果美国这一变量不复存在,那么结果也会截然不同。

冷战时期,美国的实力也塑造了苏联的行为。苏联的触角伸到欧洲的范围是由二战结束时的军事力量分布决定的,而不是由苏联克制自己野心决定的。1948～1961年,苏联人在柏林进行了试探,如果他们没有遭遇美国军队或明或暗的威胁,那么德国的形势会发生巨大变化。因此,苏联在欧洲以及中东和波斯湾地区没有采取进攻行为是对美国及其盟国所划定的红线的反应。即使在今天,美国与其他大国之间继续存在的巨大差距也会压制自然的竞争性对抗,遏制通过武力建立地区霸权的企图。

美国的实力不仅具有压倒性的优势,还拥有获得国际支持的独特而前所未有的能力。就这一点而言,它违背了大部分国际关系理论。人们可能预计,其他国家在面对它们中间的巨人时会联合起来反对它,试图通过集体的力量摧毁、削弱它,或者至少大大削减其使用武力的能力。这种预测是建立在逻辑推理和大部分历史之上的。17世纪末,欧洲列强组成大联盟,联合起来抵制路易十六法国的强权,19世纪初又联合对抗拿破仑的法国;尽管英国、法国和俄罗斯之间有着漫长的敌对,但是在 20 世纪初为了应对德国威胁结成了三国协约;大国之间结成联盟对抗希特勒;在冷战时期,发达工业民主国家组成的联盟平衡、制约并最终挫败了苏联。两千五百年前,波斯的崛起使得希腊各个城邦国家向雅典求援,后来雅典的崛起又让希腊各个城邦迅速倒向斯巴达一方。中国领导人其实也了解这段漫长而持久的历史,因此他们在过去 20 年间默默地集聚实力,试图避免类似的反应,不过结果好坏参半。

不过,与以往的潜在霸权相比,美国相对于世界其他国家拥有的实力更强,它并没有导致制衡它的联盟出现。相反,20 世纪八九十年代,与美国军事主导地位的提升相伴的是欧洲和原苏联各加盟国家军事力量的削减。随着美国实力的增强,几乎所有的世界大国都削减了它们的军队规模。因此,美国也违背了国际关系理论家所说的"安全两难"。根据这一理论,当一国发展其军事力量时,即使它是出于防御性目的,其他大国也会被迫发展自己的军事实力,从而保护自己。但是,在面对里根政府进行军备扩张的情况下,米哈伊尔·戈尔巴乔夫(Mikhail Gorbachev)向美国求和,开始削减苏联的军事力量,而且俄罗斯在20世纪90年代也大规模削减了自己的武装。① 在最近20年间,随着美国军事实力的增长,欧洲也逐步削减了武装。即使中国在过去25年间加强了军事建设,但这主要是由经济增长的节奏、统一台湾的努力以及对自己的全球利益的认识所驱动的,而不是

---

① 一些人可能会说,在冷战时期的大多数时候,美国和苏联之间都存在"安全两难",并且导致了军备竞赛。实际上,这一概念在一定程度上就是为描绘这一状况而发明的。但是,我们没有多少理由认为,相互寻求安全会导致相互不安全的动力曾经发挥过作用。正如国防部长哈罗德·布朗(Harold Brown)所指出的,苏联的政策并不是根据美国的行动而变化——"我们建,他们也建;我们停,他们还在建"——而是出于不同的战略逻辑。

为了回应美国实力的增长。当然,这种情况在最近几年发生了改变。

非常明显甚至令人惊讶的是,美国作为一个超级大国在某种程度上得到了世界大多数国家的接受和容忍,尽管它有许多错误、滥用和失败。实际上,美国的强权所获得的不仅仅是容忍。其他国家也会怂恿、鼓励它,与它一道采取行动,甚至还经常得到北约和联合国以及一些不太正式的联合阵线的合法化。从历史视角看,这一点是独一无二的。各国总是欢迎外部力量的介入以帮助它们赢得自己的斗争。但是,美国在使用武力时通常享有的待遇有些不同:甚至那些没有重大利益受到威胁的国家也会普遍支持。1999 年,美国领导的针对斯洛博丹·米洛舍维奇(Slobodan Milosevic)的战争得到了大多数欧洲国家的支持,它们认为巴尔干的动荡与自己有利害关系。美国也得到了日本、澳大利亚以及其他没有利害关系的国家的支持,它们的支持是出于人道主义的考虑,但更重要的是,也是出于相信美国使用武力是为了达到可以接受的目的。

事实上,当美国开战时,它很少孤军奋战。在朝鲜战争中,来自英国、土耳其、加拿大、澳大利亚、法国、希腊、哥伦比亚、泰国、菲律宾、比利时、新西兰、荷兰和卢森堡的军队加入了美国领导的军事力量。在越南战争这场不受欢迎的战争中,美国得到了澳大利亚、新西兰、韩国、中国台湾地区、菲律宾、泰国和西班牙提供的各种力量的支持。冷战结束之后,这种习惯也得到延续。在第一次海湾战争中,美军得到了来自英国、沙特阿拉伯、叙利亚、埃及、法国、摩洛哥、科威特、阿曼、巴基斯坦、加拿大、阿拉伯联合酋长国、卡塔尔、孟加拉国、意大利、澳大利亚、荷兰、尼日尔、瑞典、阿根廷、塞内加尔、西班牙、巴林、波兰、韩国、捷克斯洛伐克、希腊、丹麦、新西兰、匈牙利和挪威的支持。当2001年美国发动阿富汗战争时,它并没有邀请通常的盟友而是召集了四十多个国家参战,这让许多国家感到震惊。在 2003 年的伊拉克战争中，全球支持美国军事干涉行动的期待是如此之高，以至于当只有 38 个国家参加伊拉克入侵或战后占领时，美国人感到惊讶和沮丧。而像法国和德国等民主国家盟友没有表示支持，这几乎让人难以接受。

美国人希望得到支持本身具有重要意义。他们希望这样做能够让他们的良心感到舒服，并且重申其使用武力决定的正义性。某种程度的国际支持让他们更有信心认为，他们的行动符合世界的利益，而不仅仅是出于自私的考虑。这也意味着美国不必完全承担所有重负。并不令人惊讶的是，美国人希望得到这种肯定。更加非同寻常的是，其他国家通常给予了支持。它们愿意承认美国所采取的行动实际上符合其他国家的利益，即服务于世界秩序。

历史上很少有能够与之相提并论的情况。在最近几个世纪里，没有哪个国家在使用武力上享有如此广泛的支持。最为接近的例子可能是19世纪80年代英国动用其海军限制奴隶贸易,但是即便当时英国也仅仅得到了法国等海军强国的勉强支持,因为它们认为这种行动是对英国海军和经济霸主地位的主张(当然,保留奴隶制的美国完全没有支持这一行动)。在二战之前存在的多极世界中,一个主导国家使用武力的任何行动都会被其他国家视为潜在威胁:是改变现有的微妙平衡的企图。而在美国主导的世界秩序中,由于其明确而无可挑战的等级制,美国使用武力并会带来太大的威胁,因为这通常是为了确认现有的不平衡。

我们应该将这种对美国权力的总体接受以及对美国主导地位的无助忍受区分开来。无助忍受的情况当然也是存在的,许多国家有时接受美国的权力是因为它们没有多少选择。比如,欧洲人——包括英国的亲美首相玛格丽特·撒切尔(Margaret Thatcher)——并不支持1983年美国入侵格林纳达,但是他们无法阻止,因此只能在表示反对后放行。当美国在没有得到其他国家同意的情况下决定采取军事行动时,其他国家能够做的事情非常有限,除非它们愿意以某种积极的方式制约美国的实力,而这样做需要作出整个经济转向军事建设的重大调整。但是,世界上的大多数国家,包括发达国家,都没有感受到美国强权的太大威胁,即使它们发现这一强权不受制约、不计后果,因此也就没有必要在自己的军事力量上投入巨大资金。

这是国际事务中的一种新现象。即使当美国采取其他国家认为不正当、不合法的军事行动时,它们也没有撤销对美国实力的总体支持。2011 年的利比亚行动就是一个典型案例。在全球反对美国入侵伊拉克几年之后,而且在美国仍在进行那场不受欢迎的战争的情况下,以法国和英国为首的许多国家,甚至包括阿拉伯国家都要求美国使用其强大的军事力量迫使一个阿拉伯国家的穆斯林统治者下台。支持美国对利比亚军事行动的国家如此之多,以至于俄罗斯和中国这两个不愿意看到美国再次展示其实力的国家也没有多少选择,在普遍希望美国再次采取军事行动的情况下只能默默接受。

我们不能指责莫斯科或北京对美国在利比亚以及其他地方的军事行动感到不快和不愿意提供支持,这两个国家在使用武力时也没有得到类似的国际支持。自二战结束以来,当俄罗斯开战时,它总是孤军奋战,联合国或其他多边组织都没有批准莫斯科使用武力。当2008年俄罗斯军队进入格鲁吉亚时,即使是上海合作组织也没有表示赞同。当苏联人于1979年入侵阿富汗时,他们也没有得到波兰或其他华沙条约国家军队的支持。具有讽刺意义的是,当二十多年后波兰最终进入阿富汗参战时,它站在美军一边。

当中国在1950年卷入朝鲜战争时,它也是孤军奋战。自从重新崛起为一个大国开始,中国没有再使用武力,但是如果中国使用武力,能够得到国际社会的支持吗? 今天,尽管中国派出了几艘军舰参加非洲沿岸的打击海盗行动,但是这也引起了印度等地区大国的紧张。中国的战略家们经常对美国逃脱了指责表示惊讶。正如阎学通所说,美国通过制定与美国行为准则相符合的"国际规范",建立了"一个制度化的霸权体系"。当这套规范"为大多数国家所接受时",美国霸权就具有了合法性。① 但是,让中国人真正苦恼的是美国军事同盟的范围如此广泛,因为正如阎学通指出的那样,"美国的正式军事盟友超过 50 个,而中国没有一个"。② 这让美国拥有巨大优势。

其他国家在使用武力时也得到了国际支持,

---

① 阎学通:《美国霸权与中国安全》,天津人民出版社 2000 年版,第 23 页。

② Yan Xuetong, "How China Can Defeat America," *The New York Times*, November 20, 2011.

如法国和英国在科特迪瓦、塞拉利昂和利比亚的干涉，澳大利亚在东帝汶的干涉。但是，它们并不是强国，也没有运用像美国一样的军事威力。此外，它们是仍然处于主导地位的全球民主国家俱乐部的一员，而这个俱乐部单独就能为军事行动授予某种国际合法性。通常，有的国家拥有强大实力但在国际上只享有使用武力的较低认可度，而有些国家在使用武力问题上享有高度的国际认可但没有多少实力可以使用。这种情况也容易理解。弱国怎么会鼓励强国使用它们的实力呢？在这个问题上，美国是一个例外。自二战结束以来，美国近乎拥有合法使用军事力量的垄断地位，今天仍是如此。

为什么世界会接受美国的军事实力？这不是因为美国实力的使用是节制的、正确的，或者总是符合国际法，或者总是与盟友进行协商。一些人会说，美国二战后建立的国际体系建立在规则和制度的基础上，美国人既约束了自己也约束了别人。根据这种理论,其他国家可以相信美国会遵守这些规则,尤其是对使用武力进行管理的规则,在联合国和北约等国际制度框架下开展行动。这让其他国家在一定程度上相信美国不会滥用自己的实力。[1]

然而,实际上美国并不总是受到国际法或国际制度的约束,即使这些法律和制度是自己创设的。从策划或实施推翻伊朗、危地马拉、古巴等国政府的行动到越南战争和干涉多米尼加,到入侵巴拿马和发动科索沃战争,无论是民主党总统还是共和党总统执政时期,美国经常违背或无视国际法和国际制度,在冷战时期以及冷战结束后的20年间都是如此。

尽管有时承诺遵守多边主义原则,美国人也

---

[1] 约翰·伊肯伯里在一系列著作和文章中清楚地阐述了这种观点,包括最近的《自由主义利维坦》一书。

没有让自己受到盟友或联合国等国际制度的太大束缚。立国之父们反对"纠缠不清的联盟"的警告几个世纪以来在美国人耳边不断回响,就像美国人对国际制度的怀疑以及对美国主权的任何约束一样。这对美国影响国际法和国际制度提供了平衡。此外,作为一个非常强大的国家,美国并不比以往的强国更愿意受到弱国的束缚。1999年,美国毫不犹豫地发动科索沃战争,尽管未能获得联合国安理会的批准;1998年,美国也没有丝毫犹豫对伊拉克进行轰炸,尽管受到了来自法国等亲密的民主国家的强烈反对。正如一位学者所指出的,即使在冷战时期,美国口头上对"多边主义的承诺很大程度上掩盖了单边主义的实质"。① 作为一般规则,美国只有在相信自

---

① Robert W. Tucker, "Alone or with Others: The Temptations of Post-Cold War Power," *Foreign Affairs*, November/December 1999.

己能够获得支持的情况下才会为其军事行动寻求支持,正如杜鲁门在苏联拒绝参加联合国安理会的情况下向联合国寻求干预朝鲜的授权。再如,老布什 1991 年寻求联合国对发动伊拉克战争授权,当时他知道苏联会妥协。如果苏联不支持,有人相信老布什会克制行动吗? 1989 年,当他下令入侵巴拿马以推翻曼纽尔·诺列加政权时,联合国大会谴责这次行动违背国际法,美洲国家组织也通过了一项谴责美国入侵的决议,而在联合国安理会中也有国家提交了一份要求美军立即撤出的决议进行表决,但是老布什并没有丝毫退缩。

这种有时对盟友和国际制度满不在乎的态度在经济问题上也是显而易见的。1971 年,理查德·尼克松宣布美国放弃金本位,由此结束了美国在二战后设计的布雷顿森林体系。他在这样做的时候甚至没有与美国最亲密的盟友进行协商。很难想象世界上的其他国家会认为美国始终遵循它所帮助建立的国际体系规则。尽管美国人表示否认，而且尽管他们是世界上最遵纪守法的民族之一，但是他们所维持的秩序并不是严格建立在法律基础上，而是建立在美国人对自身利益的认知以及对是非对错的判断之上。

那么，世界为何会接受呢？对美国意图和目标的认识是一个答案。不论其他国家怎么说，许多国家含蓄地认为，当美国使用武力时，并不是为了单纯追求狭隘的利益，而是为了捍卫其他自由主义国家所共有并且从中受益的一套秩序原则。实际上，许多国家认可美国对是非对错的界定，即使它们有时会谴责美国的判定方法。其他国家也不会看不到美国在使用权力时的犹豫不决。正是因为美国人在使用权力时表现出明显的犹豫，他们显然厌恶统治其他人的责任——超过他们对法律和制度的承诺——使得在许多国家看来，美国才是一个可以容忍的霸权国。

这种接受在一定程度上与美国人怎么说、怎

么想或者怎么做并没有关系。它只是一个地理问题,即使在通信和交通迅捷的现代世界,美国在地缘政治上也是一个遥远的岛国,远离大国竞争的中心。几个世纪以来,世界上的冲突战场是欧洲、亚洲和中东,在这些地区多个大国拥有共同的邻居,相互争夺主导权,并且陷入无休止的军事竞争和战争的循环之中。美国是唯一不处在这样的地区的世界大国。其邻国没有哪个是大国(这样说要对墨西哥和加拿大表示歉意),它孑然自处。无论美国在世界其他争议地区的卷入有多么深,它仍然远离这些地区,无论在地理上还是精神上都是如此。因此,亚洲、欧洲和中东地区的人们更担心邻国,而不是遥远的美国,尽管它的实力更加强大。当某一邻国的实力和行为越来越有威胁时,它们自然会寻求美国作为伙伴——既是因为美国的实力也是因为美国相距遥远。法国和英国曾求助美国以对付德国;德国曾向美国求助以对付苏联,中国也是一样;中国和朝鲜曾寻求帮助以对付日本;而日本寻求帮助以对付中国;海湾地区的阿拉伯国家寻求帮助以对付伊朗或伊拉克。这些总是因为邻国的威胁看上去更大,而美国有实力提供帮助。①

这一点表明了美国实力为何得到世界上许多国家的容忍甚至欢迎的最后一项原因。它们需要美国,或者至少它们感到自己未来需要美国。它们之所以接受美国的强权主要不是出于喜欢或者敬意,而是出于自己的利益考虑。它们希望保持军事上的强大,同时保持军事上的介入,即使这意味着容忍被许多人认为是肆意使用军事力量的行为。20 世纪 60 年代,当德国学生走上街头去抗议美国的越南战争升级时,德国总理发出了警告。他指出,美国的"作战行动是出于条约和神圣的义

① 对这一地缘政治现实所作的最佳讨论,参见 William Wohlforth, "The Stability of a Unipolar World," *International Security* 24 (Summer 1999)。

务",如果美国人放弃了南越的盟友,那么有朝一日德国也会遭到抛弃,"这会不可避免地带来人们能否相信美国的问题"。① 1968 年,在苏联入侵捷克斯洛伐克之后,对越南战争的批评意见暂时沉默下去。无论它们有多么不安,如果美国没有使用武力的能力和意愿,那么美国的盟友也不会如此重视美国。

过去几十年间,对美国实力的总体接受对大国之间和平的维持而言显得至关重要。国际秩序的潜在挑战者,甚至是亚洲、欧洲和中东等地区秩序的潜在挑战者,不仅要权衡美国的军事力量,而且要权衡它从世界上大多数重要国家那里获得的支持。除了要面对美国的军事威力,区域性挑战者会发现自己陷入了外交上的孤立,遭受了经济和其他方面的制裁,因为在国际体系中美国比挑战国拥有更大的影响力。

---

① Lundestad, *United States and Western Europe*, p. 160.

这显然是中国领导人的重要关注事项。正如中国学者所说,存在着一个"由美国及其盟国主导的国际等级体系","在以美国为中心的大国集团中,中国是局外人"。① 如果中国想要采取某种军事行动,即便是对它的邻国,它不仅要考虑美国和地区内国家的军事力量,而且会发现自己面临美国所领导的、由发达民主国家组成的全球联合阵线在外交和经济上的抵制。

正因为如此,中国领导人认为美国人构建了一个遏制体系,美国人"强化了在亚太地区的军事部署,加强了美日军事同盟,提升了与印度的战略合作,改善了与越南的关系,诱骗了巴基斯坦,在阿富汗建立了亲美政权,增加了对台湾地区的军售,等等。他们扩展了前沿哨所,从东、南、西等方

---

① Yong Deng and Fei-Ling Wang, eds. , *China Rising*: *Power and Motivation in Chinese Foreign Policy* (Lanham, Md. , 2004), p. 10.

向对我们构成压力"。① 中国领导人"担心被美国当做对手",并且"有一种被包围的感觉,非常担心政权的生存"。②这种全球性美国武装的前景以及美国军事实力的现实在一定程度上要认真对待。作为历史的好学生,中国人清醒地认识到德国、日本和苏联的命运。

巨大的实力以及这种实力明显得到全球性接受综合在一起,成为遏制大国之间战争的重要因素。我们被民主化、全球化和相互依赖所迷惑,认为这些发展让我们所生活的世界变得截然不同。但是,这些趋势的消长超过一个世纪,它们并没有阻止过去所发生的灾难性战争,未来也不能指望它们。如果所有大国都是民主国家,那么得到大

---

① Andrew Nathan and Bruce Gilley, *China's New Rulers* (New York, 2003), p. 206.

② Fei-Ling Wang, "Beijing's Incentive Structure: The Pursuit of Preservation, Prosperity, and Power," in Deng and Wang, *China Rising*, p. 22.

肆吹嘘的民主和平论会更有说服力。这种理论能够解释为什么德国和法国没有爆发战争，但是不能解释为什么中国和俄罗斯这两个威权国家没有与其他大国发生冲突。经济相互依赖在 20 世纪并没有阻止两次世界大战，今天大国在作出和平与战争的决定时也不仅仅考虑的是经济因素。美国在伊拉克和阿富汗的战争不完全是为了美国的经济利益。没有哪个人或者国家只依靠面包生活。民族主义、荣誉、恐惧和其他人类情感与权力考量一道塑造着国家的行为，正如它们塑造着生活在国家之内的个人的行为一样。

一种普遍的观点认为，国家之间之所以不再为领土而战，是因为在这个经济相互依赖的数字化时代，领土不再重要。这种观点也是值得怀疑的。人们只要看看中国、俄罗斯、印度和巴基斯坦等国的军事部署就可以发现，对于这些国家而言，领土是非常重要的。中国表示，维护国家的"领土完整"是一项"核心利益"。印度与中国在中印边境，印度与巴基斯坦在克什米尔，以及在格鲁吉亚领土边界问题上都曾发生过战争，而且还可能再次发生。俄罗斯对乌克兰的克里米亚半岛以及北极地区的领土主张可能在未来引发冲突。库尔德人独立的问题牵涉到伊拉克、土耳其和叙利亚之间的领土纠纷。当然，以色列与巴勒斯坦也存在领土争端，过去导致了四场战争，未来还有可能引发新的战争。

我们能指望核武器维持大国之间的和平吗？有些人认为可以，还有一些人认为所有国家武装核武器会保障世界和平。但是"核和平"似乎不会比"民主和平"更可靠。两个核国家可能打一场严格的常规战争。实际上，中国和美国正在花费数千亿美元准备这样一场战争。印度和巴基斯坦每天都在为克什米尔地区的常规战争做准备，尽管它们也拥有核武器。在 17 世纪、18 世纪以及 19 世纪，大国之间为有限目的打了许多场战争，并不试图消灭对方。核武器的恐怖也不足以确保它们不被使用。在冷战时期，世界各国领导人经常谈论核战争的可能性,可能时间太久我们已经记不清有多少次了。令人尊敬的乔治·马歇尔(George C. Marshall)指出,苏联领导人认识到"美国在战争中会真正使用核导弹对付他们"。[1]在朝鲜战争临近结束时,德怀特·艾森豪威尔(Dwight Eisenhower)明确警告中国人,他在使用核武器的问题上不会"为世界范围的君子协定所束缚",他也曾对自己的顾问谈及中国军队的大规模集结使其成为"这种武器的极佳目标"。[2]在1961年的柏林危机以及次年的古巴导弹危机中,肯尼迪都曾经考虑过核战争的可能性。而且这些只是美国领导人的考虑。赫鲁晓夫和毛泽东也经常说核战争是常规战争的极端表现。

---

① Robert J. Donovan, *Tumultuous Years: The Presidency of Harry S Truman, 1949 – 1953* (Columbia, Mo., 1996), p. 100.
② Robert J. Donovan, *Tumultuous Years: The Presidency of Harry S Truman, 1949 – 1953*, pp. 52, 51.

问题的关键并不在于这些因素都与和平不相关。它们都在一定程度上防止大国走向战争。但是,在美国优势地位不复存在的情况下还能指望它们,或者像 1914 年时一样无法阻止战争?衡量我们是否已经进入了一个新的和平时代的最佳方式是考察国家的行为。如果各国和各国人民都已经被"社会化",爱好和平、憎恶战争,那么世界各国会系统性地解除武装。但是,它们并没有这么做。美国、中国、印度、俄罗斯和日本,包括巴西、伊朗和土耳其等二流国家,仍然希望花费大量经费用于备战。阻止它们使用这些武器对付彼此的因素并不是良知或者贸易,而是世界的实力分布使得它们不大可能在战争中取得胜利。如果实力分布发生改变,如果力量对比出现向着更加平等的真正转变,那么这些大国和崛起国可能采取更具冒险性的政策,因为战争会成为一种更加可行的选择。

我们所享有的和平时期只比 1871 ～ 1914 年长

20 年。再多 20 年也不足以让我们得出结论认为，我们已经背离人类历史，进入了一个永久和平的新时代。相反，我们必须看到使和平成为可能的特定环境可能轻易发生改变并打破和平的条件，正如历史上经常发生的那样。

4. 下一个秩序是什么?

如果美国的实力确实在下降,那么这对国际秩序而言意味着什么? 答案取决于美国衰落之后可能出现的实力配置。或许没有哪一个大国能够单独取代美国,成为唯一的超级大国;过去两千年的时间里,世界上已知的单极时代只有两个。回到两极世界的可能性更大,但这似乎不大可能是近期出现的事情。能够赶上美国并且成为第二超级大国的候选者是中国。已经有一些美国人和中国人谈到所谓的"G2"世界,华盛顿和北京在其中共同对世界其他国家发号施令。中国经济的庞大规模会使其在世界上所占的权重越来越大,一些分析家预测,中国在未来几十年间将主导世界经济。但是,从地缘战略意义上看,中国成为一个超级大国面临着更多的问题。这要求亚洲的所有其他大国包括印度和日本都走向衰落,并且臣服于北京。这可能相当于莫斯科主导东欧地区,但是比后者更难实现。苏联之所以能够主导东欧,是因为苏联军队在德国战败之后就已经驻扎在这一地区。中国要想让邻国屈服,要么不能诉诸武力,要么只能通过代价高昂的战争。如果不这样做,中国继续被这些警惕的大国包围着,那么我们很难看到中国能发挥像苏联那样的全球影响力。即便是苏联也不像美国一样,是一个全球性超级大国,这部分是因为苏联不像美国一样没有其他大国的包围。

正因为此,当人们讨论后美国世界时,他们会想到回归多极——多个国家大致相当的一种实力配置状态。美国可能仍是最强者,平等成员中的老大,但在一个真正的多极世界里,美国的实力和影响不会明显超过比如中国或印度,而在第二层级上欧盟、俄罗斯、日本、巴西和土耳其将进入强国俱乐部。这样的世界更像是 19 世纪的欧洲,当时英国在某些方面是最强国,但是其他国家——德国、法国和俄国——也非常强大,甚至在某些领域更为强大。

从美国主导转向大国之间大致平等将会带来怎样的影响?那些宣称这预示着"后美国世界"(无论是"多极"还是"无极")的外交政策学者们认为,自由主义世界秩序仍然会大致保持当前的形态。许多人认为,国际体系中不同的实力配置并不会导致美国主导时代形成的自由、开放的秩序程度降低。世界在很大程度上仍然是民主国家构成的世界。自由贸易、自由市场经济秩序也会继续存在下去。大国之间的和平也会得到维持。美国需要习惯与其他大国建立更平等的伙伴关系,但是我们没有理由认为世界将转向一种新的安排——一种新的"大国协调",就像拿破仑战争后的几十年间保持和平的欧洲协调。毕竟,不仅是美国而且所有大国都会因为维持当前的秩序而受益,为什么不会是这样呢?

这是一种非常乐观的看法。首先,从纯粹的历史角度看,从一种实力配置转向另一种实力配置很少是平稳、和平的。最近的案例是从 19 世纪欧洲主导的秩序转移,这一秩序在两次世界大战中崩溃。一个更有希望的案例是冷战的和平结束,但是有哪个国家希望扮演那种情景中苏联的角色呢?但是,从莫斯科的角度看,苏联的衰落也不是平稳的,而是灾难性的。无论如何,苏联的世界秩序完全被摧毁。

就所有大国都会在后美国世界中受益于现有秩序的维持而言,这种看法既值得怀疑,也偏离了主题。当前国际秩序的一些重要方面是某些大国不会愿意维护的。即使有些方面它们愿意维护,但问题在于它们有能力维护吗?

当前国际秩序的特征中不会得到所有大国支

持的要素之一是民主制度。中国和俄罗斯这两个大国都是威权体制，其领导层不愿意放弃权力，或者允许自由选举。弗拉基米尔·普京清楚地表达了对民主的观点，而所有中国问题专家都认为当前政权的生存是领导人关注的首要任务。尽管生存需要更大的经济开放程度，但是他们不愿在政治上开放。对于俄罗斯和中国而言，与所有国家一样，这些国内关注塑造着它们的外交政策。当格鲁吉亚、乌克兰和哈萨克斯坦的独裁政权在2003～2006年所谓的"颜色革命"中垮台时，西方民主国家高呼这是自由主义的胜利。但是，莫斯科和北京并没有为之喝彩，它们担心会成为民主压力的受害者。最近，尽管民主国家对突尼斯的"茉莉花革命"和遍布中东地区的"阿拉伯之春"表示庆祝，但是惊慌的中国领导人从中国的互联网上将"茉莉花"和"阿拉伯革命"等词语删除了。俄罗斯政府起草了一份联合国大会提案，禁止用互联网针对"不稳定的社会"进行"心理战"。在过去

20 年间,这两个威权国家都竭尽所能阻止或者至少缓解美国和欧洲对苏丹、津巴布韦、利比亚、叙利亚、伊朗、委内瑞拉、缅甸和朝鲜的独裁政权施加压力,而且在一些情况下取得了成功。

并不令人惊讶的是,威权政体不会帮助民主国家推翻其他威权国家。但是,我们需要明确一个威权国家与民主国家拥有大致相当实力的"后美国世界"究竟意味着什么。正如过去几十年所表明的,国际力量对比不会变得对民主国家有利,而是会变得更加平衡,这对处于政治转型中的较小国家必然产生影响。正如拉里·戴蒙德所说,"来自外部威权国家的支持使得独裁者免受西方的影响,正如中国在维持缅甸和朝鲜的独裁政权抵制西方制裁以及俄罗斯阻止白俄罗斯、亚美尼亚和中亚国家政权免受民主压力的做法一样"。[1]在一个由民主国家主导的世界上,这种情况仍然

---

① Diamond, *Spirit of Democracy*, p. 113.

存在。因此,我们可以想象一下威权国家变强而民主国家变弱的世界会是何种模样。威权国家与民主国家之间的力量对比变得大致平等可能会导致世界出现"逆流"。

如果一些民主国家——巴西、印度、土耳其和南非——的崛起能够填补美国衰落的空缺,那么新的多极世界的力量对比会对民主国家更加有利。然而,并非所有国家都有意愿或能力这么做。印度与一个危险的、不太民主的国家为邻,而其领导人认为其他民主国家的支持是一种它们无法负担的奢侈。南非通常感兴趣的是泛非的团结,而不是支持其他国家的民主。巴西与许多拉美民主国家一样,经常在民主与自主的冲突原则之间摇摆。在所有这些崛起国家中,只有土耳其试图支持地区内的民主力量,也只有它追随欧洲和美国更具进攻性的努力。这并不足以带来不同的结果。民主国家对支持境外民主运动不太感兴趣并不奇怪。亚洲的民主国家尽管非常稳固,但是并不积极地保护或促进海外的民主。在这个方面，美国即便不是独一无二，也是与众不同的。一些欧洲国家将在欧洲之外推广民主作为一项重要的外交政策目标，但并非大多数国家都是如此。

实际上，近年来世界上出现了民主国家数量小幅稳步下降的趋势。"阿拉伯之春"可能并没有改变这种趋势，但是我们值得思考的是，在威权国家变强而美国变弱的世界里是否还会出现"阿拉伯之春"。在面对中国更强烈的反对、知道实力下降的美国缺乏支持的能力或意愿的情况下，欧洲国家是否会同样扮演推动民主的角色？阿拉伯世界的开放可能遭到破坏，正如1848年欧洲的变革运动遭到破坏的情况一样。当时，自由主义的政府与保守主义的威权国家之间也达到了大致均势，但是这也不足以挽救自由化运动。英国在支持大陆的自由派时尤其感到束手束脚，因为这会破坏它与欧洲的威权大国之间形成的稳定关系。在一个新的多极秩序中，美国也会感受到类似的束缚。

　　作为一个崛起的经济大国，中国已经将重量放在了支持威权政体的天平一边。特别是在非洲，中国为当地的独裁者提供了大量资金，以确保对原材料的获取。人们无法期待它会采取不同的行为。俄罗斯利用其能源资源渗透周边国家的政治体制，有时操纵石油和天然气供给来支持自己喜欢的候选人和政党，如在乌克兰和白俄罗斯。这至少是原苏联地区领土是世界上最不民主的地区之一的一个原因。当世界变得更加平衡、美国衰落成为平等成员中的老大时，中国和俄罗斯的影响力都会相应增大，对全球民主将带来负面影响。历史表明，世界的顶层实力分布会影响全球范围内的弱小国家的命运。在 20 世纪二三十年代，当法西斯主义在欧洲各大国流行之时，法西斯主义的政府开始在其他地方掌权，甚至是在拉丁美洲。当苏联在二战之后成为世界上第二超级大国时，共产主义运动横扫整个世界，领导人们开始从事革命事业。在苏联衰落、美国成为唯一的超级大国之后,世界范围内民主国家的数量迅速增多。如果力量对比再次发生转移,我们可以期待看到总体趋势的类似变化。

自由主义经济秩序会发生怎样的变化? 它在实力分配偏离美国之后还会继续存在吗? 大多数观察家认为会这样。他们认为,毕竟所有的崛起国,包括最重要的崛起国中国在内,都从美国及其盟国在二战后建立的经济秩序中获得了巨大利益。中国逐步摆脱贫困,并且在 GDP 总量上正在向世界上最大的经济体迈进。中国的经济增长主要由出口驱动,因此依赖于一个开放的贸易体系,其国内发展也依赖于国外资金和技术的获取。巴西、印度、土耳其和其他经济崛起国的情况也是如此。它们中的任何一个为什么会做杀鸡(自由主义经济秩序)取卵的事呢?

这可能是一个错误的问题。这些国家可能并不希望破坏从中受益的自由主义秩序。但是,在美国不再拥有超强实力的情况下,这些国家会有维持这一秩序的意愿和能力吗? 正如我们已经看到的,自由主义经济秩序并不是自我维持的。历史上,这一秩序之所以得以建立和维持,是因为有大国愿意和有能力支持开放贸易和自由市场,并且使用所有必要的工具保持贸易通道的开放。这些国家会填补美国实力衰落所留下的空白吗?

在过去两个世纪里,自由主义经济秩序的关键要素之一是对海洋的控制。今天,尽管我们生活在一个数字时代,但是商品并不能通过以太网传输。世界上的大部分石油和天然气、原材料、矿石以及食品仍然需要用船来运输,这意味着自由贸易仍然需要公海上开放的贸易通道。不过,在历史上,海运航线通常会成为国际危机和冲突的牺牲品,因为各国试图控制航路,反对敌国的通行。美国在 1812 年和 1917 年两次参战,部分是为了回应其他大国在战时封锁美国贸易通道的努力。自二战结束以来,美国利用自己在海上的统治地位对每个国家保持贸易通道的开放,即使是在冲突时期也是如此。但是,能够从自由贸易中获益并不足以这样做。今天,葡萄牙和新加坡也从自由贸易和海洋开放中获益,但是它们并没有维持贸易通道开放的能力。只有美国既有意愿又有能力维持海洋的自由。实际上,美国很大程度上依靠自己的力量做到了这一点,其拥有统治地位的海军在世界各大洋巡逻,其他国家仅仅提供了少量支持,而其他贸易大国,从德国到日本、从巴西到印度、从俄罗斯到中国都满足于"搭便车"。这是美国对当前的自由主义世界秩序所作的最为重要的贡献。

但是,如果美国不再承担这一重任,情况将会怎样?如果美国的衰落有什么含义,那么它将意味着这种公海霸权的结束。今天的"搭便车"者会担负起目前由美国所承担的任务,承受维持海军的成本吗?即使它们这样做,是会产生开放的全球公地还是会导致竞争和紧张呢?恰巧,无论是中国还是印度都在发展海军力量。而这种状况导致的并不是更加安全，而是它们在印度洋以及南海地区日益激烈的战略竞争。事实上，我们认为中国利用其日益强大的海军力量可能不是为了开放而是为了封锁国际水域，这让我们可以想象美国海军不再占据主导的情况下究竟会发生怎样的情况。

从美国主导海洋转向多个强国集体执法可能会导致竞争与冲突，而不是为自由主义经济秩序提供支持。在 19 世纪，英国海军的主导地位强化了和平和全球自由贸易，除了英国自己在战时封锁了帝国和贸易伙伴的贸易通道。当世界各国的海军变得平等时，不仅是德国海军崛起，日本和美国的海军也崛起了，和平和国际自由贸易体系都变得岌岌可危。历史上，自由主义的经济秩序只有在一系列条件下才会盛行：一个强国拥有一支具有全球统治地位的海军，并且会从自由贸易、自由市场的国际体系中受益。这种情况出现在了 19

世纪下半叶英国海军霸权时期,在二战后的美国海军霸权时期再次出现。英国霸权时代之前以及两次世界大战之间(美国海军霸权之前)的多极时代都没有导致自由主义经济秩序的崛起。

即使将谁能保卫公地的问题抛开,我们也不确定在新的多极时代各大国有能力维护自由市场、自由贸易的国际体系,即使它们希望这样做。它们可能在无意间杀鸡取卵,即使它们依赖于这一体系,也只是因为它们自身的政治和经济体制的原因。

到目前为止,未来在这个方面最重要的行为者是中国。中国经济在 21 世纪的某个时候可能超越美国,至少从总量上是如此,其支持自由主义经济秩序的能力与意愿会决定这种秩序能够继续存在。但是,即使是对中国发展持乐观态度的人也会预见到可能存在的问题。

中国经济的两个方面使得人们质疑它能否扮演当前体系捍卫者的角色。一方面,尽管中国可能会成为世界第一大经济体,但是它远远不是最富裕的经济体。中国的经济规模是其庞大人口的产物,但是从人均角度看,中国仍然是一个相对贫穷的国家。2010年,中国的GDP位居世界第三,仅次于美国和欧盟。但是,美国、德国、日本和其他大国的人均GDP超过4万美元,而中国的人均GDP只有4000美元左右,与安哥拉、阿尔及利亚和伯利兹处于同一水平。即使乐观主义者的预测是对的,到2030年中国的人均GDP仍然只是美国的一半,与今天斯洛文尼亚和希腊的水平相当。

这会导致历史上独一无二的状况。[①] 以往,世界上最大、最具支配地位的经济体同时也是最富裕的经济体。在英国和美国占据主导的时代都是

---

① "历史上从来没有哪个全球主导国或经济崛起国的生活水平大大低于现状国以及大多数其他国家。" Arvind Subramanian, *Eclipse: Living in the Shadow of China's Economic Dominance* (Washington, D.C., 2011), p. 153。

如此。而且,这种情况会产生一系列后果。对于本国人民从相对自由的经济体系中明显获益的国家而言,它们不大可能采取保护主义措施,而会更加倾向于维持体系的开放性。因此,尽管它们占据主导,但是它们在利用其主导地位的同时也允许其他国家变得更加富裕。

不过,中国领导人面临一系列不同的问题和诱惑。作为一个比较贫困、仍处于发展中的国家的领导人,他们不太愿意开放许多经济部门。他们已经开始对外部竞争关闭一些经济部门,并且未来还会关闭其他经济部门。为本国人民摆脱低贫困、寻找待遇更好的工作的压力会导致他们保护特定产业以提供就业。一个更具保护主义色彩的中国既不会是灾难,也不会是前所未有的。许多国家在经济发展过程中都经历过保护主义的阶段。美国肯定也是如此。问题在于,中国的保护主义阶段可能与它崛起为世界经济中的主导力量的时间重合。这才是前所未有的。

美国在 19 世纪后半叶经历了高度保护主义的时期,但在成为世界上的主导经济体的过程中,它逐渐放弃了保护主义,因为在一个自由贸易的环境中可以赚更多钱。类似的,英国在经济占据主导的过程中也从保护主义转向自由贸易。中国可能与众不同。

即使对中国经济和政治体制保持乐观的人也认为,自由主义经济秩序需要"防范"一种前景,即中国"利用其主导地位要么退回到以往的政策,要么不开放目前处于高度保护状态的经济领域"。如果这样做,"考虑到中国的经济规模,由此导致的冲突可能会破坏二战后的体制"。[①] 正如政治学家伊恩·布雷默(Ian Bremmer)所问的:"如果中国领导人认为其发展战略不再需要这么多外资,倾向于利用国家掌握的所有工具支持本国企业、

---

① Arvind Subramanian, *Eclipse: Living in the Shadow of China's Economic Dominance*, p. 186.

保护它们免受外部竞争,会发生怎样的情况?"①美国在经济上的主导地位得到了世界上大部分国家的欢迎,借用海曼·罗斯(Hyman Roth)在《教父》中的话说,这在很大程度上是因为美国总是为它的伙伴赚钱。不过,中国在经济上的主导地位可能会受到不同的对待。

第二个问题涉及中国市场经济的形式,当然它有不同之处。中国经济尽管是市场导向,但相当大的部分并非由私人企业家主导,而是由政府主导。中国经济在很大程度上是"国家资本主义"。国有企业主导着经济的核心部分,比如能源产业,积累的收益成为政府控制的大规模主权财富基金。正如布雷默所指出的,国家资本主义的目的不仅是收益最大化,而且是"国家权力和领导层生存机会"的最大化。② 中国并不孤独。俄罗斯

---

① Bremmer, *End of the Free Market*, p. 150.

② Bremmer, *End of the Free Market*, , p. 4.

以及巴西、墨西哥和其他崛起国家都在一定程度上践行国家资本主义，尤其体现在它们对国有能源企业的控制。但是，中国经济主要服务于国家利益而非企业利益。比如，对于中国石油天然气集团公司（简称中石油）而言，利润不及确保长期的石油供给合同（由此中国不必担心未来石油供给中断）重要。为了国家利益，企业愿意比单纯出于利润以及公司和股东利益考虑的情况下为安全付出更多成本，由此导致价格偏离了市场的驱动。①

　　不论是好是坏，问题在于它的不同。在过去两个世纪英国和美国占据优势地位的时代，主要经济大国在很大程度上是受私人或企业主导的，从贸易中获得的盈余大部分掌握在私人手中，国家的受益或者对公司决策的影响是间接的。中国的体制更像是先前时代的重商主义，如 16 世纪的

---

① Bremmer, *End of the Free Market*, p. 61.

英国、17 世纪的法国和 18 世纪的西班牙,其中政府积累财富的目的是确保它们维持统治、建设陆军和海军从而与其他王朝和大国竞争。今天,"中国的盈余使得资源集中在国家手中",从而保证统治者继续掌权,让他们有能力"在国际上投射实力"。①

　　这样一种力量——而且并非只有中国拥有——是会成为自由主义经济秩序的可靠支持者,还是像布雷默担心的那样,威胁"全球经济的未来"?②一些人认为中国不会破坏令它繁荣发展起来的秩序,对于这些人而言,答案是它可能无能为力。在蝎子与青蛙的童话中,青蛙在蝎子保证不会蜇自己之后,紧张地答应背着蝎子过河。如果蝎子蜇了青蛙,两个都会没命。但是,到了河中间,蝎子还是蜇了青蛙。青蛙说:"你怎么蜇我

---

① Subramanian, *Eclipse*, p. 125.
② Bremmer, *End of the Free Market*, p. 5.

呢!"蝎子答道,"因为我是蝎子,这是我的本性"。中国以及俄罗斯可能最终都会破坏或者颠覆自由主义经济秩序,这不是因为它们想要这么做,而仅仅是因为这是它们作为威权社会的本性:试图维持国家对财富及其所带来的权力的控制。

即使人们对中国、俄罗斯以及其他大国可能扮演的角色持更为善意的看法,并且假定它们会继续在自由主义国际秩序中利益攸关,但问题在于是否有足够的利益。大多数中国问题专家都认为,中国领导人主要专注于内部挑战,目前为止并不愿承担烦人的全球责任。首先,他们并没有面对美国在第二次世界大战结束时所面对的那种情形,当时一种世界秩序被摧毁,而另一种世界秩序正等待着按照美国的偏好来建立。如今,人们要求中国人承担维持一种并非由他们创建并且并未特别考虑他们利益的世界秩序的责任,谁能责怪他们不愿承担美国人和其他人希望他们承担的烦人"责任"呢?美国在两次世界大战之间时曾发现自己处于类似的情况,当时美国也不愿意承担那些责任。如今的世界秩序是如此符合美国的利益,并且如此依赖美国的经济和军事实力,人们肯定会疑惑这种秩序在转换到多极世界的情况下能否继续维持,因为在一个多极世界中,主要行为者以及其他重要参与者要么没有意愿要么没有能力支撑这种秩序。

如果美国主导的世界转变为多极世界会导致大国之间的战略竞争与冲突上升,那么我们面临的挑战会更大。与人们通常听说的情况相反,多极体系在历史上既不特别稳定,也不特别和平。在 16 世纪、17 世纪以及 18 世纪的漫长多极时代中,大国之间的战争经常发生(如果不是始终不断的话),而 18 世纪的大国战争以法国大革命之后欧洲范围内的一系列毁灭性战争为顶点,以 1815 年拿破仑兵败滑铁卢为结束。

19 世纪有两段大国和平时期令人瞩目,这两段时期分别维持了 38 年和 43 年。不过,和平被大国之间的重大战争所打断：1853年的克里米亚战争以及俄国与其邻国之间的一系列战争，德国统一战争（以1870～1871年的普法战争告终）。国际关系理论家们通常将这些战争视为一个和平世纪经历的小插曲，但是它们规模巨大而又代价高昂。克里米亚战争是一场迷你的"世界大战"，参战的俄国、法国、英国、土耳其以及来自其他9个国家的军队人数超过100万人，造成近50万士兵阵亡以及更多人受伤。在17年之后的普法战争中，两个国家动用的军队人数超过200万人，而战争导致近100万士兵死伤。这样的战争在今天来看绝不会被认为是一个和平世纪的小插曲。

国际关系理论家们喜欢回顾德国统一后的欧洲均势。的确，当时的大国和平维持了40年，但是这一时期的特征是紧张和竞争与日俱增，战争恐慌为数不少，陆上和海上军备大规模扩张——所有这些以当时人类所知最具毁灭性和致命性的战争告终。即使有时均势得到维持,它也不仅仅依靠的是友好的外交,而是依靠经常存在的军事冲突前景。正如政治学家罗伯特·塔克(Robert W. Tucker)所说,"均势带来的这样一种稳定和缓和最终依赖于威胁或使用武力。战争仍然是维持均势的基本手段"。①

人们认为美国的优势地位将被某种多极和谐所取代,但是我们并没有多少理由相信21世纪回归多极时代会带来比以往更大的和平与稳定。今天,强国之所以克制行事并不是因为它们在本质上是克制的,而是因为它们的野心遭到仍然居于主导地位的美国的制约。一些人认为我们进入了一个"无极"时代,因为尽管他们认为美国处于衰落之中,但并不认为其他崛起大国能够填补地区

---

① Robert W. Tucker, *Woodrow Wilson and the Great War: Reconsidering America's Neutrality, 1914 – 1917* (Charlottesville, Va. , 2007), p. 53.

真空。① 但是,事实上,目前并没有出现其他的"极"国家,因为美国主导的世界秩序仍然完好无缺。如果美国真的处于衰落之中,那么中国、俄罗斯、印度和巴西等其他大国很快就会在它们各自所处的地区更加占据主导,而世界将回到类似于19 世纪欧洲多极体系的状态。

在这样一个世界中,问题不大可能来自其他民主国家,尽管民主国家也有野心,试图谋求自己的势力范围。问题更可能来自威权体制的大国。民主国家可能会对美国创建的自由主义世界秩序感到满意,合理地作出调整以适应自身影响力的上升。但是,威权国家能对有利于民主国家、对威权政体构成持久压力的世界感到满意吗?

如今,人们经常听说美国不必对中国和俄罗

---

① Richard N. Haass, "The Age of Nonpolarity: What Will Follow U. S. Dominance," *Foreign Affairs*, May/ June 2008.

斯感到担心。中国是世界舞台上谨慎小心的行为者,并不希望进行领土扩张,或者与它的邻国发生冲突。俄罗斯问题专家也指出,尽管经常发表新帝国主义的言论,但莫斯科领导人并不想恢复俄罗斯帝国,控制立陶宛、拉脱维亚和爱沙尼亚等波罗的海国家,或者重新统一乌克兰、摩尔多瓦、格鲁吉亚和白俄罗斯等原苏联加盟共和国。但是,它们之所以如此是因为自身并不致力于这样的目标,还是因为它们受制于全球实力方程无法实现这些企图而保持克制? 我们无从知晓确切原因,但是历史表明,当我们观察国家行为并且试图理解它们的动机和企图时,我们需要注意到的是,它们认为自己能够实现什么目的以及认为哪里是禁区会影响它们的考量。

有一点我们是确切知道的:不受美国实力制约的中国显然不同于担心美国实力的中国。今天的北京在对待与其有争端的日本、印度或东南亚国家时行为不那么具有进攻性,这不是因为中国在本质上是被动的、谨慎的。在历史上,中国也经常采取军事行动,即使在一些形势并不有利的情况下,如1950年与美国在朝鲜半岛展开战争。相反,这是因为这些国家背后有美国实力的支持。如果将美国的实力从方程中消除,那么中国会作出不同的考量。其他国家也是如此。今天,这些国家之所以能够安心抵制中国在南海以及其他地区更加雄心勃勃的计划,是因为它们知道美国会支持它们。毫不令人惊讶,中国正在发展海军力量,试图减少美国的作用。美国官员声称对中国的海军建设感到困惑,他们要求中国的意图更加"透明"。他们可能也会疑惑老虎为何会长牙,然而这是崛起大国的正常行为。正因为美国主导的世界秩序迄今为止一直压制着这些自然的大国倾向,这种行为才被视为反常。

俄罗斯及其邻国同样如此。波罗的海、高加索以及东欧国家之所以敢于违抗莫斯科,很大程度上是因为这些国家背后有一个强大的盟友提供支持。如果没有美国的实力做后盾，那么俄罗斯会更加肆无忌惮地强迫其邻国服从自己的意志，而这些国家也只能更加屈服。普京曾经将苏联解体称为20世纪"最大的地缘政治灾难"，如果他认为自己有复兴苏联的把握，那么他会克制住这种诱惑吗？他已经使用了除军事力量以外的每一种工具——能源、贸易以及对政客与政党的支持——来尽可能地将原苏联地区的共和国置于俄罗斯的影响力之下。在2008年针对格鲁吉亚使用武力的案例中，如果没有美国和北约的遏制，俄罗斯军队很可能推进到第比利斯。

需要指出的是，这并不是归咎于中国或俄罗斯领导人的邪恶动机，这归咎于常态。所有大国都会对国际体系的机会与约束作出回应，美国也不例外。当19世纪末美国实力上升时，它的全球抱负也在增长。在20世纪，美国在苏联解体之后采取的积极干预政策比冷战时期更甚。1989年以后，美国的海外军事干涉变得更加频繁，而且发生在曾经被冷战僵局设为禁区的那些地方。

我们越来越习惯于在美国主导的秩序之下生活，以至于我们或许遗忘了国家在获得实力时的所作所为。实力的上升会让国家发生改变，改变国家的抱负，对自己的认识，甚至是对自身利益的界定。它甚至会让一些当它们弱小时被压抑或者不太明显的性格特征显现出来。以一个友好国家，如法国为例。今天，法国是一个善意的中等大国，其外交政策相对巧妙。在大多数欧洲邻国的眼中，法国有一些傲慢和自私，但这些品性是可以容忍的，因为它显然不那么危险。然而，如果法国成为一个超级大国，情况将会怎样？人们今天认为只是令人恼火或有些可笑的性格特征会变成更大的问题吗？当法国是世界上第二或第三强国时，比如，在 17 世纪和 18 世纪初的路易十四时期，以及 18 世纪末和 19 世纪初的拿破仑时期，它曾两次试图争夺欧洲霸权（而且两次都以失败告终）。或许未来的法国作为一个民主的超级大国会采取更温和、克制的外交政策，但假如是这样，那它将是一个历史的例外。民主的超级大国也会有野心，正如美国所充分证明的那样。问题的关键在于，实力会改变国家，而且有时会带来剧烈的改变。德国和日本在拥有适度的实力时都明显具有善意。在 17 世纪和 18 世纪，"沉睡的德国"被认为是"诗人与思想家的摇篮"。① 而在明治维新之前，日本是一个闭关自守的国家，有意切断自己与外部世界的联系，对任何国家都不构成威胁。然而，这两个国家在世界舞台上变得强大、统一和积极之后，都展现出了一套完全不同的特征。

由于相对实力的变化会改变国家的抱负及其面临的约束，回归多极世界意味着每一个大国外交政策的特征都会发生改变。那些处于相对崛起

① Mary Fulbrook, *History of Germany*, *1918 – 2000*: *The Divided Nation* (1991; Malden, Mass., 2002), p. 4.

中的国家会扩展其抱负，与它们在国际体系中的影响力相匹配。与以往一样，它们会要求特定的势力范围，即使是针对其他大国的安全空间。处于相对衰落中的国家，比如美国，没有多少选择，只能在这些地区放弃一些影响力。因此，中国会在亚洲主张势力范围，而俄罗斯会在欧洲和高加索地区主张势力范围。而且，与以往一样，它们的主张会存在重叠和冲突：印度与中国在印度洋主张同样的势力范围；俄罗斯和欧洲在黑海与波罗的海之间的地区有重叠的势力范围。如果没有美国压制和约束这些相互冲突的野心，那么建立新的均势会经历复杂的调整。正如以往一样，其中一些调整会通过外交的方式进行。也正如以往所发生的那样，另外一些调整也会以战争或者战争威胁的方式进行。一些人认为世界将从当前的实力格局平稳而完全和平地过渡到一种新的实力格局，这种想法完全是一相情愿。

历史上战争爆发的主要原因之一是，实力大

致相当使得各国都对谁更强表示怀疑。大致相当导致哪个国家能够赢得战争胜利变得不确定,而这种不确定性导致彼此竞争的大国之间产生试探的复杂互动,极大地增加了试图发现谁更强大的真实测试爆发的可能性。随着实力方程的大规模变动,战争倾向于爆发,当崛起大国的上升轨迹与衰落大国的下降轨迹趋近重合时更是如此。冷战的巨大奇迹在于,美国和苏联都没有想要测试它们的相对实力,尽管曾有许多次有接近这样做的危险。对于大国和平而言,没有比知道谁占据上风更好的处方。① 不无巧合的是,当美国突然拥有比任何潜在挑战者大得多的军事优势时,学者们开始谈论起冷战后的大国冲突变得不可能。如果

---

① 这是杰弗里·布莱内(Geoffrey Blainey)在关于战争原因的研究中得出的关键论断,他认为"明显的实力优势会促进和平"。战争是"在实力测量问题上存在争议"而导致的结果。Geoffrey Blainey, *The Causes of War* (New York, 1988), pp. 113 - 114.

这种优势遭到侵蚀,回归大国竞争将使大国战争的可能性再次增大。

众所周知的"欧洲协调"(Concert of Europe)又怎么样呢? 在一个后美国世界里,大国协调能否调整政策以维护和平呢? 的确,在1815年拿破仑战败后长达30年的和平时期,欧洲列强的确成功地管理好了彼此之间的事务,避免了战争的发生。在一个被称为"协调体系"的体系中,它们定期会晤,协调彼此的分歧。然而,欧洲协调之所以发挥作用,并不是因为均势的魔力。一系列共享价值、共同原则以及对当时大多数重大问题(从欧洲秩序的塑造到合法权威的构成以及国内政治和社会的性质)的共有愿景才是欧洲协调发挥作用的原因。在法国大革命以及随后发生的欧洲范围内的毁灭性战争结束之后,欧洲大国的所有领导人都对极端主义和革命有着共同的恐惧。他们联合起来不仅是为了维护和平,而且是为了维护一种保守的和平。他们希望塑造一个对君主和贵族而言安全的世界。他们对于某种"欧洲"有着共有的愿景,试图防止自由主义和革命力量的挑战。不过,随着英国这个最为自由主义的大国逐渐反对奥地利和俄国这两个伙伴坚持用军事力量铲除欧洲大陆上的所有自由主义迹象的做法,这种共识很快就走向破裂。19世纪40年代,在自由主义革命扫荡欧洲之后,欧洲协调实际上土崩瓦解。

人们有时会希望今天也能建立起某种大国协调,然而,今天的大国像当时的欧洲列强一样对国际秩序和国内合法性拥有共同愿景吗? 多年以前,这个问题的答案似乎是肯定的。20世纪90年代,绝大多数人认为,世界进入了与19世纪初相似的趋同和一致的时期,只不过这一次代表的不是保守主义、贵族和君主,而是支持自由主义、自由市场和民主制度。20世纪90年代是历史终结的时代,按照一位学者的话说,是"自由主义国际秩序观"的胜利,在这个世界上"民主和市场大行其道,……全球化被奉为进步的历史力量,意识形态、民族主义和战争都陷入低潮"。① 在后冷战世界中,所有的大国都拥抱了自由主义,或者人们相信如此:俄罗斯在鲍里斯·叶利钦的领导之下,而中国正在经济自由化的过程中。因此,"国际共同体"的理念再次兴起,其任务是解决诸如疾病、贫困、气候变化、恐怖主义和族群冲突等诸多"全球性问题",所有国家在这些问题上的利益是共同的而非冲突的。

但是,在 21 世纪的第二个十年,趋同似乎是又一个理想主义的幻想。大国在国内合法性的来源问题上意见不一。美国及其自由主义盟国自然支持民主。俄罗斯和中国则自然希望世界对威权

---

① G. John Ikenberry, "Liberal International Theory in the Wake of 9/11 and American Unipolarity," paper prepared for the seminar "IR Theory, Unipolarity, and September 11th—Five Years On," Norsk Utenrikspolitisk Institutt, Oslo, Norway, February 3–4, 2006.

体制而言是安全的。在即将到来的新的多极秩序中,这两个威权国家也应该是主要参与者。如果欧洲协调的历史对我们有任何指导意义,那么在合法政府的构成问题上缺乏共识在最好情况下会成为合作的障碍,而在最糟情况下会成为冲突的来源。塞缪尔·亨廷顿曾在 1991 年时推测,如果"苏联和中国成为与其他大国一样的民主国家,那么重大国际暴力的可能性会显著降低"。但是,另一方面,"一个永久分裂的世界可能是一个暴力盛行的世界"。他用林肯式的话问道:"在一个逐渐相互依赖的世界里,民主国家和威权国家还要共处多久?"①

认识到当前的自由主义秩序是建立在美国实力基础之上的那些人开始思考,在美国实力下降之后该如何维持这种秩序。约翰·伊肯伯里以及其他人认为,在一个影响力下降的时代,美国的任

---

① Huntington, *Third Wave*, p. 29.

务是建立在美国衰落之后还能维持秩序的国际制度和法律,说服崛起国相信参与和维持这些制度和国际规则符合它们的利益。通过这样一种方式,制度本身可以获得自己的生命,对可能破坏自由主义秩序的强国构成约束。这些更强大的制度和规则最终将替代美国的实力。

自美国在 19 世纪末首次成为强国以来,建立能够自我维持的自由主义国际制度的理念就一直吸引着美国人。乔治·凯南和其他"现实主义者"哀叹美国人倾向于向国际法和国际制度求援,希望通过一个"由法律规则和约束构成的体系"以"抑制各国政府混乱而危险的抱负"。[1] 但是,美国人希望世界秩序可以自我调节和自我维持的想法是可以理解的。这为令他们感到苦恼的权力和利益的难题提供了答案——如何建立一个

---

[1] George F. Kennan, *American Diplomacy* (1951; Chicago, 1985), p. 95.

有益于美国的理想和利益的世界,而无须面临施展美国实力所带来的成本和道德困境。西奥多·罗斯福从大国之间建立国际联合、相互合作推进文明的角度进行思考,但是当这些大国于1914年摧毁自己的文明时,这一梦想宣告破灭。伍德罗·威尔逊在战后拾起了旗帜,呼吁建立国际联盟(但后来他的国民拒绝加入),旨在建立由自由主义国家共同力量支持的法律和制度。在二战结束之后,美国再次作出这样的尝试,建立了联合国。而在冷战结束后,老布什总统满怀希望地宣称"世界新秩序"即将到来时,在这样一种秩序中,"法制取代了丛林法则","各国承认自由和正义的共同责任",联合国"像奠基者所设想的那样发挥作用"。①

许多人认为,从美国霸权或者任何其他大国

---

① President George H. W. Bush, address to Congress, March 6, 1991.

安排转换到一个由国际法和国际制度管理的世界是人类进步的终极阶段。单个的民族国家服从所有国家的集体意志,民族主义为世界主义所取代,美国国内生活中的法律和制度制约在国际舞台上复制——这些目标仍然像几代人以前那样吸引着现在的人们。唯一的区别是,过去的美国人是在美国实力处于上升时试图建立这样一个世界。而如今,这样一个世界是为了弥补据称正在衰落中的美国实力。我们有理由认为,美国如今在表面上处于衰落时比100年甚至50年前处于上升时更有能力建立这样一个世界吗?这之间的一个世界让我们没有理由保持乐观。将维持秩序与安全的任务交给一个比国家拥有更大权威的国际机构手中、指望各国遵守国际规则的所有努力都以失败告终。新的国际权威机构被证明过于脆弱,无法承担起这项任务。有责任和实力的国家要么无视它,要么将其作为自己不作为的借口。规则通常仅仅约束弱国,而强国(包括美国)却都能够随意无视规则,并且不会遭到"国际共同体"的惩罚。国际联盟拒绝对公然违背国际法的行为作出回应,如1931年日本入侵中国东北,1935年意大利入侵埃塞俄比亚。在冷战时期的大多数时候,美国和苏联都无视或者试图绕开联合国。正如莱因霍尔德·尼布尔(Reinhold Niebuhr)所说,"国际共同体的声望"从来就不够大,而其内部成员从来就不够统一以"惩罚不守规矩的国家"。① 制度所行使的权力不会超过建立它们的国家,但它们通常行使的权力更小。

在一个多极世界中,各国或国际集团能够单独或者集体使用权力维持自由主义秩序,抵制那些试图推翻这种秩序的国家或国家集团吗? 这是一个关键问题,因为任何秩序最终都不会单纯依靠规则,而是依靠强制实施这些规则的权力。今

① Reinhold Niebuhr, *Moral Man and Immoral Society* (1932; New York, 1960), p. 110.

天所面临的独特情况是,世界上最强大的国家在使用武力问题上拥有高度的国际合法性。在一个多极世界中,所有国家都在一种令人不安的均势状态中谋求安全,在相对确定的势力范围内活动,任何国家在势力范围之外或者在重叠的势力范围内使用武力都会打破均衡。比如,在19世纪末和20世纪初,列强无法给混乱的巴尔干地区带来秩序,因为任何一个大国使用武力都会损害其他大国的利益,并且会破坏总体的均衡。没有一个国际权力来强制建立秩序。威尔逊试图通过国际联盟解决这一困境。实际上,这个困境只能由美国霸权来解决。在20世纪末,美国能够在巴尔干地区进行两场干涉,在维持自由主义秩序的同时也没有挑起大国之间的冲突。尽管俄罗斯人因为美国在一个斯拉夫人聚居以及传统上属于俄罗斯的势力范围占据主导而感到羞辱,但是并没有出现爆发战争的问题。如果美国与其他大国之间的权力差距缩小,那么美国在类似情况下可能无法既进行干涉又不引起大国冲突。在后美国世界中，哪个或哪些国家能够在得到其他国家支持的情况下采取行动呢？缺乏合法的军事力量会使其更加难以捍卫自由主义秩序的核心原则，防止不可避免的挑战。

20世纪给人们留下的教训（或许在21世纪已经为人们所遗忘）是，如果人们希望一种更加自由的秩序，那么就一定要有强大的自由主义国家来建立和捍卫它。国际秩序并不是进化的结果，而是强制实施的结果。它是一种秩序观相对于其他秩序观占据支配地位的结果——从目前来看，是自由主义的经济、国内政治以及国际关系原则相对于非自由主义的原则占据主导地位。只有在强制实施这一秩序的国家拥有捍卫它的能力的情况下，这种秩序才能维持下去。对于自由制度主义者而言，这是一个令人不舒服的现实。我们倾向于认为，自由主义国际秩序之所以能够存在，是因为它的公正与正义——不仅是服务于我们，而且服务于所有人。我们倾向于认为,接受自由主义国际秩序是自愿的,或者最好是自然力量的结果,而不是使用权力的结果。正因为如此,"历史终结论"对于许多人而言是一种有吸引力的论调,即使是它因事态发展而变得声名狼藉的情况下也是如此。必然进化论的观点意味着,我们没有必要强制实施自由主义秩序,它不过是自然发生的。这涉及强制实施这一秩序以及捍卫其强制实施在道德上的模棱两可,以及在实践上和财政上面临的挑战。

同时,在我们的启蒙世界观中所暗含的一项假设是,自由主义秩序与民族主义甚至是国家本身的终结之间存在必然联系。超国家机构以及世界主义情感的兴起代表着通向更完善的自由主义秩序的进步。但是,如果这种认识是错误的呢?如果一种以和平、民主和繁荣为特征的秩序依赖于特定国家的维护呢?作为一名国际主义者,西奥多·罗斯福在 1918 年回应当时的超国家主义思潮时指出了同样的观点。他说,"我们拒绝抛弃民族主义。相反,我们应该将明智而可行的国际主义建立在合理而强烈的民族主义基础之上"。①不无矛盾的是,真正的自由主义进步可能与这种原始的国家理念联系在一起:一个国家愿意与其他国家一道,使用自己手中的权力维持一种趋近于自由国际主义理念的秩序。当我们试图实现这种理想,超越民族国家走向一种后国家的自由国际主义时,整个计划都会失败。

就此而言,欧盟可能是一项预警。没有哪个国家集团如此接近于实现一种自由国际主义的理想,一种康德意义上的"永久和平"。但是,这样做的代价是,欧洲自身逐渐解除了武装,与此同时,其他大国拒绝效仿。在一个并不遵循其规则的世界中,如果一个后现代的欧洲不得不自己保护自己,那么它能否生存下去?

---

① Holmes, *Roosevelt and World Order*, pp. 129 – 130.

具有讽刺意味的是,正是美国主导的世界秩序的成功使得许多人认为这一秩序可以被超越,认为维持这一秩序并不必然需要美国的实力。古老的梦想在过去20年间变得更加真实,这是因为美国实力的成功使它看上去更加真实。人们并没有意识到大国冲突和竞争受到了抑制,而是认为大国自身已经从根本上改变了它们的性质,认为制度、法律和规范已经落地生根。这就像是纽约人在穿过安全的中央公园时,认为不再需要有警察;公园之所以安全,是因为人类进化的结果。

　　比尔·克林顿总统在离任时认为,美国的关键任务是"创建一个当我们不再是世界上唯一的超级大国时还能生活的世界",以及为"我们需要分享舞台的时刻"做准备。① 这个倡议听起来非

---

① Derek Chollet and James Goldgeier, *America Between the Wars* (New York, 2008), p. 318.

常好。但是，它能否成为现实又是另一个问题。因为当涉及国家间关系时，尤其是权力问题以及战争与和平时，规则和制度很少能够在权力衰落或者创建它们的国家衰落之后仍继续存在。那些规则和制度就像是大楼周围的脚手架：它们并没有支撑着大楼，而是被大楼支撑着。当美国权力衰落时，美国权力所支撑的制度和规范也会衰落。或者，如果历史能够为我们提供指导的话，更有可能的是它们会完全衰落，转换为另外一种世界秩序，或者走向失序。随后，我们会发现美国对于当前秩序的维系而言至关重要，而美国权力的替代品不是和平与和谐而是无序与灾难——这正是美国主导的世界秩序形成之前的情形。

我们已经看到了腐蚀的迹象。选举民主制国家的数量在 2005 年达到最多，为 123 个。从那时起，这一数量每年都在小幅下降，到 2011 年为 115 个。"自由之家"的报告也指出民主制度存在空洞化的趋势，"言论自由（包括新闻出版自由）以及维权人士推动政治改革和尊重人权（包括工人组织工会的权利）面临的压力都在增加"。①

近年来，自由制度和规范也受到一定程度的削弱。除了经济上面临困境以及军事实力下降，欧盟在国际体系中的道德影响力也不及10年前。比如，欧洲理事会外交关系委员会的几位学者指出，欧盟在联合国存在"慢动作危机"，因为它在联合国中"推动基于人权和正义的国际法制"的能力显著下降。他们认为出现这种状况的原因主要是中国的影响力日益提高，而中国在联合国中建立了"一个日益稳固的联大投票联合阵线，通常组织起来反对保障人权等

① Arch Puddington, "Freedom in the World 2010: Erosion of Freedom Intensifi es," Freedom House online, http://www. freedomhouse. org/template. cfm? page = 130&year = 2010.

欧盟价值观"。①

　　与此同时,自由市场资本主义也经历了一个周期性自我抹黑的回合。与 20 世纪 30 年代和 70 年代发生的情况一样,次贷危机和随后的经济衰退再次让人们对资本主义经济体系的可行性和可取性提出了质疑。诸如中国的国家资本主义等其他模式经历了更大的成功,这部分是由于政府的充足财政盈余所具备的有助于缓解国际经济低迷的效应。

　　最后,大国日益按照传统的大国方式行事,主

----

① "20 世纪 90 年代,欧盟在联合国大会提出的人权问题提案获得的支持率是 72%。在过去两届联大中,这一比例分别是 48% 和 55%。与之相比,中国的立场获得的支持率从 20 世纪 90 年代末的 50% 以下上升到 2007～2008 年的 74%。俄罗斯的支持率也大幅提升。" Richard Gowan and Franziska Brantner, "A Global Force for Human Rights? An Audit of European Power at the UN," European Council on Foreign Relations paper, September 2008。

张和试图按照它们的实力增长拓展势力范围：普京呼吁建立原苏联地区国家的"欧亚联盟"，中国在南中国海和东海提出领海主张，印度则在印度洋提出主张。这些现象无不暗示着未来将要发生些什么。

5. 美国真的在衰落吗?

尽管我们可以模糊地看到下一个世界秩序的轮廓,但是从稳妥的角度说,它仍然会是一种由美国塑造的秩序。问题在于,这种秩序能够持续多久? 或许我们能够看到的遥远岸上的仅有事实就足以引发争议。美国真的衰落了吗? 如果真是这样,那么它的衰落是不可避免的吗? 或者这种衰落还处在美国以及其他国家的力量能够阻挡的范围内?

我们如何评估美国是处于一个稳步衰落的状态还是处在一个可以恢复的艰难时期? 近来有关美国衰落的许多评论建立在极不严谨的分析之

上,这些分析是基于这样一种印象:美国已经走入迷途,抛弃了以往曾经使其获得成功的美德,缺乏解决其面临的问题的意愿。美国人眼睛盯着另外一些经济状况比自己国家好的国家,这些国家似乎拥有美国曾经有过的动力,他们感叹道,"那就是曾经的我们",这正是托马斯·弗里德曼最新著作的标题。美国人以往也曾经历过这种不安,前几代人也曾有这种丧失活力、丢掉美德的感觉,不过这么说并没有太大的帮助。早在1788年,帕特里克·亨利(Patrick Henry)就曾哀叹这个国家从往日的荣耀中衰落,而"当时美国精神还在形成之中"。

今天人们有关衰落的认识当然是可以理解的,因为自2008年以来美国的经济状况一直低迷,国家面临巨额财政赤字,而这些情况与中国、印度、巴西、土耳其以及其他经济体的持续增长综合在一起似乎预示着全球经济力量出现了重大而不可逆转的转移。一部分悲观情绪也应该归咎于那种认为美国在世界上大多数地区(因为美国针对"9·

11”恐怖袭击采取的各种应对措施）已经丧失吸引力并由此丧失影响力的看法。关塔那摩的羁押设施、对恐怖嫌疑分子实施的酷刑，以及 2003 年遭到普遍谴责的伊拉克入侵，这些都玷污了美国的"品牌"，削弱了美国的"软实力"——吸引其他国家接受其观点的能力。美国在伊拉克和阿富汗的战争异常艰难，使得许多人认为这些战争证明了军事力量的限度，超出了美国的能力范围，并且从核心地带削弱了这个国家。一些人将美国比作 19 世纪末的大英帝国，将伊拉克和阿富汗战争比作英国所进行布尔战争——一场艰难而挫败士气的战争。

在这种普遍的衰落认知的背景下，美国在世界上一意孤行而导致的每一次失败都会强化那样一种印象。阿拉伯人与以色列人拒绝媾和，尽管美国一再恳求；伊朗和朝鲜无视美国对它们发出的停止核武器计划的要求；中国拒绝对人民币进行升值；阿拉伯世界的骚乱席卷而来，美国也无法控制。似乎每一天都有更多的证据表明，美国能够领导世界、让别国俯首听命的时代已经一去不复返。

尽管这种衰落感可能非常强烈，但我们需要对其进行更加严谨的考察。衡量一国相对实力的变化是一种棘手的事情，但是也有一些基本指标：一国相对于其他强国的经济规模和影响力；与潜在对手相比军事力量的规模；一国对国际体系发挥的政治影响力的程度——所有这些构成了中国人所说的"综合国力"。这一切也是时间问题，仅仅以几年的证据来作出判断无疑是有问题的。一个大国的衰落是国际层面各种形式的力量分配发生根本变化的产物，而这种变化通常在非常长的时段内才会出现。大国很少会在突然间衰落，尽管一场战争可能会让它们垮掉，但战争也通常是一个较长过程中的症状和高潮。

比如，大英帝国的衰落就发生在几十年的时间里。1870 年，英国在全球制造业中所占的份额超过 30%。1900 年占 20%。到 1910 年所占份额已经不到 15%——远远低于崛起中的美国。美国在同一时期的份额从 20% 攀升到 25% 以上,不过美国所占份额仍低于德国。德国在整个 19 世纪所占的份额远远落后于英国,但是在 20 世纪的第一个十年却迎头赶上并超过了英国。在那个时期,英国海军从没有对手的海上霸主变得要与崛起中的其他海军强国分享海洋控制权。1883 年,英国所拥有的战舰超过其他列强的总和。到 1897 年,英国的主导地位已经黯然失色。英国官员认为,他们的海军在西半球被美国、在东亚被日本甚至在家门口被俄罗斯和法国两国的海军之和"完全超越",而这还是在德国海军的惊人发展之前。[1]这些情况都是在半个世纪的时间里两项最为重要的国家实力指标发生的明显、可测量以及持续的衰落。

近年来,有关美国相对衰落的一些观点如果

---

[1] Paul Kennedy, *The Rise and Fall of British Naval Mastery* (Hampshire, U. K. , 1983), pp. 208 – 209.

不是在 2008 年的金融危机爆发后才出现,那么其会更为有力。正如"孤燕不报春",一次经济衰退,甚至是一场严重的经济危机,也不必然意味着一个大国终结的开始。在 19 世纪 90 年代、20 世纪 30 年代以及 70 年代,美国都曾遭遇过严重而持久的经济危机。每一次,美国都在随后的十年中重新振作起来,而且与危机之前相比,相对于其他大国美国甚至还达到了更加强大的地位。在 20 世纪第一个十年、40 年代以及 80 年代,美国的全球实力和影响力都达到了新的高点。

几年前,大多数观察家所谈论的不是美国的衰落,而是其持久的首要地位。2002 年,历史学家保罗·肯尼迪(Paul Kennedy)宣称,在历史上还没有出现过像美国与世界其他国家之间如此悬殊的"实力差距"。[1] 20 世纪 80 年代末,肯尼迪曾撰写

---

① Paul Kennedy, "The Eagle Has Landed," *Financial Times*, February 2, 2002.

了一本广受讨论的书,内容是有关包括美国在内的"大国的兴衰"。约翰·伊肯伯里也认为,"没有任何大国"曾拥有"在军事、经济、科技、文化或者政治实力上如此可怕的优势,……美国在实力上的优势地位无与伦比"。① 2004 年,法里德·扎卡里亚(Fareed Zakaria)将美国描绘为一个自罗马帝国以来所未曾见过的"全面的单极国家"。② 但是,仅仅 4 年之后,扎卡里亚就开始讨论"后美国世界",而肯尼迪则重提美国衰落的必然性。美国相对实力的基本要素真的在短短几年就发生了如此显著的变化吗?

答案是否定的。我们可以从一些基本指标开始讨论。从经济角度看,尽管近几年美国经历了经济衰退和缓慢增长,但是美国在世界上的地位并没

---

① G. John Ikenberry, ed., *America Unrivaled: The Future of the Balance of Power* (Ithaca, N. Y., 2002), p. 1.

② 引自 Jonathan Marcus, "America: An Empire to Rival Rome?" BBC News, January 26, 2004。

有发生改变。美国在世界 GDP 中所占的份额非常稳定,这不仅仅体现在过去的 10 年里,而且在过去 40 年间都是如此。1969 年,美国在世界经济产出中的份额约为 1/4。今天,它的产出仍占 1/4 左右,而且它仍然是世界上最庞大也最富裕的经济体。人们为中国、印度以及其他亚洲国家的崛起而着迷,这些国家在全球经济中所占的份额不断攀升。但是,迄今为止,这种增长几乎完全是由欧洲和日本在全球经济中所占份额的下降而导致的。①

---

① 1969 年,美国占全球 GDP 的份额为 28%,1979 年为 27%,1989 年为 27%,1999 年为 28%,2009 年为 27%。欧洲的份额从 1969 年的 35% 下降到 2009 年的 26%,而日本的份额从 1994 年的 18% 下降到约 9%。USDA Economic Research Service, *Real Historical Gross Domestic Product（GDP）Shares and Growth Rates of GDP Shares for Baseline Countries/Regions（in Percent）, 1969 – 2010*（updated December 22, 2010）; GDP table in the ERS International Macroeconomic Data Set, http://www. ers. usda. gov/Data/Macroeconomics/.

对中国发展表示乐观的人们预测,中国将在今后 20 年间超过美国,成为世界上最大的经济体。这可能意味着,今后美国的经济地位将会面临日益严峻的挑战。然而,单纯的经济规模本身并不是衡量一国在国际体系内的总体实力的一项良好标准。假如是这样,那么在 19 世纪初居于世界最大经济体地位的中国就会成为占主导地位的大国,而不是被较小的欧洲国家征服的受害者。即使中国再次达到这一顶峰——在无限期地维持国家的经济增长方面,中国领导人面临着巨大障碍——它在人均GDP 方面仍将远远落后于美国和欧洲。

正如 19 世纪初中国所领教以及今天的中国领导人所认识到的,军事实力也至关重要。阎学通最近指出,"军事实力构成霸权的基础"。① 在军事方面,美国仍然无人匹敌。美国仍然是有史以来最强大的国家,美国的相对军事实力也并未衰

---

① Yan, "How China Can Defeat America."

落,起码目前还没有。美国人目前每年的国防开支约 6000 亿美元,超过其他大国的总和。①美国每年的国防开支约为 GDP 的 4%——虽然这一比例高于其他大国,但从历史来看,却低于美国在 20世纪 50 年代中期占 GDP 10% 的国防开支,以及 20世纪 80 年代末占 GDP 7% 的开支。这些高额开支并不足以反映美国在军事实力上的实际优势。美国的陆军和空军装备着最尖端的武器,在实战方面最有经验,他们可以在针锋相对的战场上打败任何竞争对手。美国海军的实力在世界上的每个地区都拥有主导地位。

根据这些军事和经济指标,今天的美国至少不像 1900 年左右的英国,当时大英帝国的相对衰落开始变得明显。美国更像是 1870 年左右的英国,当时

① 这一数字并不包括在伊拉克部署的部队(已经结束),或者阿富汗的武装部队(在未来几年中可能稳步下降)。

大英帝国正处于实力的巅峰。我们有可能想象一下这种情况不复存在的时刻,但这一时刻尚未到来。

但是,"其余大国的崛起"——中国、印度、巴西和土耳其等国经济影响力的日益增强——又如何呢? 这是否会削减美国的实力和影响力? 答案是要具体问题具体分析。世界上其他一些国家正经历高增长阶段,这一事实并不意味着美国作为主导大国的地位正在衰落,或者,甚至也不意味着"其余大国"在总体实力和影响力方面正在赶上美国。1990 年,巴西在全球 GDP 中所占的份额略多于 2% ,今天仍然只是略多于 2% 。土耳其 1990 年所占份额不足 1% ,今天仍然不足 1% 。[1] 人们,尤

---

[1] USDA Economic Research Service, *Real Historical Gross Domestic Product* (*GDP*) *Shares and Growth Rates of GDP Shares for Baseline Countries/Regions* (*in Percent*), *1969 – 2010*; GDP table in the ERS International Macroeconomic Data Set, http://www.ers.usda.gov/Data/Macroeconomics/.

其是商人，自然会对这些新兴市场感到兴奋。但是，仅仅因为一个国家具有有吸引力的投资机会并不意味着它是一个正在崛起的大国。财富在国际政治中的确很重要，但是经济增长与国际影响力之间并不存在简单的相关性。例如，我们并不确定今天更加富裕的印度比20世纪50年代尼赫鲁领导下的贫穷印度在全球舞台上拥有更大的影响力，当时印度曾经是不结盟运动的领袖。或者，我们也不清楚今天雷杰普·塔伊普·埃尔多安（Recep Tayyip Erdogan）总理领导下的土耳其是否比10年前发挥的影响力更大。

就这些增长中的经济体对美国地位的影响而言，则完全取决于谁在增长。20世纪初，大英帝国面临的问题并不在于其相对于美国的大幅衰落，因为美国是一个总体上友好的国家，它的利益与英国并没有根本的冲突。即使在西半球，当英国的主导地位让位于美国之时，英国的贸易量还在增加。问题在于英国相对于德国的衰落，德国的目标是成为欧洲大陆的霸主,谋求与英国在公海展开竞争,它在这两方面都对英国的核心安全构成了威胁。就美国而言,冷战时期德国和日本经济的迅速崛起对美国在世界上的首要地位造成的损失要超过近年来"其余大国的崛起"。二战结束后,美国在世界 GDP 中所占份额接近50%,到20世纪70年代初下降到约25%,此后一直保持这一水平。然而,"其余大国的崛起"并没有削弱美国的实力。如果说有什么影响的话,这种崛起甚至强化了美国的实力。德国和日本过去和现在都是美国的亲密盟友、美国主导的世界秩序的主要支柱。它们的经济增长实际上使力量对比不可避免地发生了对苏联阵营的不利转变,促使苏联走向瓦解。

今天,当我们衡量其他国家的经济增长带来的影响时,必须进行同样的考量。巴西或者印度的经济增长是否真的削弱了美国的全球实力?这两个国家都是友好国家,而且印度正日益成为美国的战略伙伴。如果美国未来在世界上的竞争对手可能是中国的话,那么一个更加富裕和强大的印度对于美国而言将是一项资产而不是负债。总体而言,巴西、印度、土耳其和南非正在经历一个经济增长的时期——这一时期可能会也可能不会持续下去——这一事实要么对美国的战略地位来说并不相关,要么对其有利。目前,只有中国的经济增长可以被认为会对美国未来的实力构成影响,而且也只是在中国人将不断增长的经济实力足够多地转换为军事实力的情况下才会如此。

如果美国在这些基本的实力衡量标准方面并未遭遇衰落,那么是不是美国的影响力真的已经减弱,它是不是越来越难以在世界上随心所欲?一种非常普遍的认识是,美国确实丧失了影响力。无论作何解释——美国的衰落、"其余大国的崛起"、美国资本主义模式的明显失灵、美国政治的功能失调、国际体系的日趋复杂等等——人们普遍认为,美国已经无法像以往那样按照自己的利益和理想塑造世界。每天似乎都有更多的证据,因为世界上发生的许多事情似乎既有悖于美国的利益,也超出了美国的控制。

当然,这是事实:美国在很多时候无法得到它想要的东西。但是,它过去也曾如此。今天,关于美国影响力衰落的印象大多是建立在一种怀旧式的谬论之上:曾经有一段时期,美国可以按照自身意愿塑造整个世界,可以让其他国家按照它的意愿行事。正如政治学家斯蒂芬·沃尔特(Stephen Walt)所说,可以"管理几乎全球范围的政治、经济和安全安排"。①

如果我们要来衡量美国今天的相对地位,重要的是认识到,这种对过去的意象是一种幻觉。这样的时候从来就未曾有过。我们倾向于认为冷

---

① Stephen Walt, "The End of the American Era," *National Interest*, November – December 2011.

战初期是美国完全拥有全球霸主地位的时刻,但情况并非如此。在那个时期,美国的确做到了一些非同寻常的事:马歇尔计划、北约联盟、联合国和布雷顿森林经济体系,都塑造了我们今天所知的这个世界。然而,对于冷战初期所取得的每一项伟大成就而言,至少同样对应着一项巨大的挫折。

在杜鲁门时期,1949 年共产主义革命在中国取得胜利,美国官员视之为美国的利益在这一地区遭遇的一场灾难,而这一事件实际上也被证明是代价高昂的。即使没有别的影响,它也是促使朝鲜于 1950 年进攻韩国的一个主要因素。但是,美国并不能阻止这一事件。正如艾奇逊所总结的:"中国内战的不祥结局"已被证明"超出了……美国的控制范围",是"美国试图影响却无法阻止的力量"造成的结果。① 当中国的胜利很

---

① Donovan, *Tumultuous Years*, p. 83.

快就伴随着印度支那半岛上针对西方控制的革命时,艾奇逊再次说道,这些事件"超出了我们的控制","正在亚洲大陆蔓延"。① 一年后,发生了朝鲜对韩国进行的意料之外而又令人毫无准备的攻击以及美国的干预,在35000多名美国士兵死亡和近10万人受伤之后,战争结束时的情形几乎与战前一模一样。1949年,传来了也许是所有消息中最糟糕的消息:苏联拥有了原子弹,美国军事战略和防务预算所断言的核垄断宣告结束。

一年后,著名的战略文件NSC-68发出警告,声称美国的军事实力与其全球战略投入之间的差距不断扩大。它宣称,如果目前的趋势继续发展下去,结果将是"自由世界相对于苏联及其卫星国的实力严重衰落"。这份文件指出,"我们的制度的完整性和生命力要比历史上以往任何时候所遭

---

① Donovan, *Tumultuous Years*, p. 141.

受的威胁都要大"。① 1952 年,在共和党全国代表大会上发表主旨演讲时,道格拉斯·麦克阿瑟(Douglas MacArthur)感叹,"世界的力量对比发生了令人担忧的变化","我们的财政投入面临不断加重的负担"、苏联实力的崛起以及"我们自身的相对衰落"。②

无论是即将离任的杜鲁门政府还是即将上任的艾森豪威尔政府都认为,苏联的战略是迫使美国过多投入国防而"破坏美国的经济",而且都担心苏联的企图会得逞。③ 1957 年,盖瑟委员会

① NSC 68: United States Objectives and Programs for *National Security* (April 14, 1950), *A Report to the President Pursuant to The President's Directive of January 31, 1950*; Donovan, *Tumultuous Years*, p. 160.

② Douglas MacArthur, keynote address, Republican National Convention; July 7, 1952.

③ Donovan, *Tumultuous Years*, p. 59; Herbert Parmet, *Eisenhower and the American Crusades* (New York, 1972), p. 361.

（Gaither Commission）的报告指出，俄国的经济增长要比美国快得多，到 1959 年，俄国将能够用 100 枚洲际弹道导弹打击美国领土，这促使众议院议长萨姆·雷伯恩（Sam Rayburn）问道："如果我们丧失自己国民的生命，俄国卢布成为美国的货币，一个良性的经济与平衡的预算又有什么用呢?"[1]

美国也并非总是能够说服其他国家——即使是美国最亲密的盟友——去做它所希望的事情，或者不做它所不希望的事情。1949 年，艾奇逊试图阻止包括英国在内的欧洲盟国承认共产党领导的中国，但是以失败告终。1954 年，艾森豪威尔政府在关于越南问题的日内瓦会议上未能得偿所愿，因而拒绝签署最后的协议。两年后，它试图阻止英国、法国和以色列因为关闭苏伊士运河而入侵埃及，结果只能眼看着它们在没有告知华盛顿

---

[1]　Parmet, *Eisenhower*, p. 537.

的情况下发动入侵。当美国在金门和马祖等岛屿问题上与中国针锋相对时,艾森豪威尔政府试图争取欧洲盟国表态支持,但并未成功,这使得杜勒斯由此担心北约正在"开始分崩离析"。[①] 到 20 世纪 50 年代末,毛泽东认为,美国是一个正在衰落的超级大国,"害怕在第三世界有新的介入,越来越无法维持其对资本主义国家的霸权地位"。[②]

但是,"软实力"的情况又如何?情况是不是像政治学家约瑟夫·奈(Joseph S. Nye)所说的那样,由于通过电视、电影和音乐反映的美国文化"表达出的价值观",以及美国的国内和外交政策的吸引力,美国曾经能够"在世界上随心所欲"?软实力的这些要素使得世界上其他国家的人民想要追随美国,"羡慕其价值观,仿效其榜样,渴望达

---

① Stephen E. Ambrose, *Eisenhower: Soldier and President* (New York, 1991), p. 484.

② Westad, *Global Cold War*, p. 184.

到与之一样的繁荣和开放水平"。①

再一次,历史的真相更加复杂。二战结束后的头 30 年,世界上大多数国家既不羡慕美国,也没有试图仿效它,更没有特别赞赏其在国际事务中的行为方式。诚然,美国媒体传播着美国文化,但是它们所传播的形象并不总是能够讨人喜欢的。20 世纪 50 年代,全世界的人们可以通过电视观看到约瑟夫·麦卡锡(Joseph McCarthy)以及在国务院和好莱坞迫害共产党人的画面。美国电影描绘了新美国企业文化中令人窒息的资本主义的因循守旧。比如,《丑陋的美国人》等最为畅销的小说描绘出美国人一幅盛气凌人、蛮横无理的图画。20 世纪五六十年代,种族隔离的斗争在美国上演,全球范围内传播的是白人对着黑人中小学

---

① Joseph S. Nye, *The Paradox of American Power*: *Why the World's Only Superpower Can't Go It Alone* (New York, 2003), p. 10.

生吐唾沫和警察放狗咬黑人示威者的图像。那也是"曾经的我们"。杜勒斯担心，美国的种族主义实际上"破坏"了美国的全球形象，尤其是在所谓的"第三世界"。[①] 20世纪60年代末和70年代初，发生了瓦茨暴动、马丁·路德·金（Martin Luther King Jr.）和罗伯特·肯尼迪（Robert Kennedy）被暗杀以及肯特州立大学的枪击案，后来还有令美国政府为之震撼的"水门丑闻"。这些形象不大可能会让世人喜欢美国，无论在巴黎的电影院里上演多少部杰里·刘易斯（Jerry Lewis）和伍迪·艾伦（Woody Allen）的电影。

在这些年里，世界上的大多数国家也不认为美国的外交政策特别具有吸引力。艾森豪威尔渴望"让这些受压制的国家的一些人喜欢我们，而不是仇恨我们"，但中情局精心策划的在伊朗推翻穆罕默德·摩萨德（Mohammad Mossadegh）以及在危

---

① Westad, *Global Cold War*, p. 135.

地马拉推翻雅各布·阿本斯(Jacobo Árbenz)的行动无济于事。① 1957年,示威者在委内瑞拉袭击了副总统的车队,高呼:"滚开,尼克松!""滚出去,狗!""我们不会忘记危地马拉!"②1960年,当一架美国间谍飞机在俄罗斯上空被击落时,赫鲁晓夫取消了首脑会谈,将艾森豪威尔羞辱一番。当年晚些时候,在前往东京进行"友好"访问途中,当日本政府警告说无法保证他在抗议美国"帝国主义"的学生面前的安全时,艾森豪威尔不得不中途折返。

艾森豪威尔的民主党继任者的日子也没有更好过。约翰·肯尼迪及其夫人曾在一段时间里受到了爱戴,但是,在他遭到暗杀之后,美国的光辉消逝了。1965年,林登·约翰逊(Lyndon Johnson)对多米尼加共和国的入侵不仅遭到拉美国家而且

---

① Westad, *Global Cold War*, p. 122.
② Westad, *Global Cold War*, p. 149.

遭到欧洲盟国的普遍谴责。戴高乐警告美国官员说,美国像"所有拥有压倒性实力的国家"一样"相信武力可以解决一切",很快就会领教到"情况并非如此"。[①] 当然,后来爆发了越南战争——随之而来的是巨大的破坏、凝固汽油弹的场面、美莱村大屠杀、秘密入侵柬埔寨、对河内的轰炸,以及关于一个西方殖民主义超级大国强迫一个弱小却顽强的第三世界国家就范的普遍认知。当约翰逊的副总统休伯特·汉弗莱(Hubert Humphrey)1967年访问西柏林时,美国文化中心遭到袭击,数千名学生抗议美国的政策,有关暗杀企图的流言纷纷。1968 年,当数百万欧洲青年走上街头时,他们所表达的并不是对美国文化的羡慕。正如约翰逊政府的一位高官所说,"我们在越南和其他地方必须做的事情是我们在亚非世界以及欧洲必须承担的沉

---

① Westad, *Global Cold War*, p. 152.

重负担"。①

世界上的绝大多数国家也没有试图仿效美国的制度。在冷战之初的几十年间,许多国家被苏联和中国的国家控制型经济所吸引,这种经济体制似乎在带来经济增长的同时不会带来民主制度下的混乱问题。② 在这段时期中的大部分时候,苏联阵营的经济增长率与西方国家一样高,这在很大程度上是由于重工业领域在国家的指导下蓬勃发展。③ 据中情局局长艾伦·杜勒斯

---

① Westad, *Global Cold War*, p. 152.

② 肯尼迪认为,"希望变革"的非洲人民"为苏联和中国的榜样所感染",相信"共产主义体制掌握着组织国家资源用以创造更加美好生活的秘密"。Westad, *Global Cold War*, pp. 134 – 135。

③ 杜勒斯担心,苏联的亚洲邻国认为这个国家"在一代人的时间里就可以将自己发展成一个主要工业化强国"。Peter W. Rodman, *More Precious Than Peace*: *The Cold War and the Struggle for the Third World* (New York, 1994), p. 69.

(Allen Dulles)所说,许多第三世界领导人认为,苏联的体制"与美国的体制相比,在快速见效方面可能提供的东西更多"。① 埃及的纳赛尔和印度尼西亚的苏加诺等独裁者认为国家主导的模式尤其具有吸引力,不过印度的尼赫鲁同样这样认为。②

新兴的不结盟运动领袖——尼赫鲁、纳赛尔、铁托、苏加诺和恩克鲁玛——对于美国的生活方式都没有表现出多大的羡慕。无论公允与否,在美国成为超级大国之后,他们"对西方的剥削政策和种族主义的深深仇恨"在一定程度上从他们之前的殖民者转移到了美国身上。此外,在斯大林

---

① Robert J. McMahon, "Introduction: The Challenge of the Third World," in *Empire and Revolution: The United States and the Third World Since 1945*, ed. Peter L. Hahn and Mary Ann Heiss (Columbus, Ohio, 2001), p. 7.

② Westad, *Global Cold War*, p. 93.

逝世后,苏联和中国在争取第三世界问题上展开了激烈的竞争,进行了一次次"友好访问",并且提供了自己的援助计划。艾森豪威尔反省道,"共产党新的和风细雨路线或许比它们在斯大林时代的宣传更加危险"。[1] 艾森豪威尔、肯尼迪和约翰逊政府都始终担心所有这些国家的左倾倾向,为它们提供了大量的发展援助,试图赢得这些国家的人心。然而,他们发现,尽管援助被欣然接受,但既不能保证忠心,也不能赢得感激。[2] 艾森豪威尔经常担心,"近东和北非的人们,而且在一定程度上亚洲和非洲的所有人,会联合起来对付西方,我

---

[1] Elizabeth Cobbs Hoffman, "Decolonization, the Cold War, and the Foreign Policy of the Peace Corps," in Hahn and Heiss, *Empire and Revolution*, p. 136.

[2] 正如罗德曼所说,第三世界领导人们利用双方的斗争,试图让他们以及本国的利益达到最大。他们"不凭借两个超级大国的德行来评判它们在声望上的争夺或是做出任何道德上的判断"。Rodman, *More Precious Than Peace*, p. 73.

担心这种情况不是一代人甚至不是一个世纪可以克服的,考虑到俄国人搬弄是非的能力的情况下尤为如此"。[1] 第三世界敌意的结果之一是,1960年以后美国在联合国的影响力不断丧失。联合国大会曾经是美国发动的朝鲜战争得到合法化的地方,但是从 20 世纪 60 年代到冷战结束,它却成为一个不断表达反美主义的论坛。[2]

20 世纪 60 年代末,亨利·基辛格一度对未来感到绝望。他在写给尼克松的信中说道,"权力的日益分散、政治活动的更大范围扩散以及国际冲突和组合模式的更加复杂"严重削弱了两个超级大国影响"他国政府的所作所为"的能力。[3] 随着20 世纪 70 年代的到来,情况似乎变得更为棘手。美国在失败中撤出越南,世人第一次目睹了一位

---

[1] Westad, *Global Cold War*, p. 125.

[2] Westad, *Global Cold War*, p. 136.

[3] Westad, *Global Cold War*, p. 196.

美国总统因陷入丑闻的泥潭而辞职。此后，也许与所有其他事件同样重要的是，世界油价一路飙升。

最后一个问题表明一种新的严峻困难：美国无法在中东施加有效的影响力。今天，人们会指出美国未能让以色列人和巴勒斯坦人通过谈判解决争端，或者未能有效处理骚乱之中的"阿拉伯觉醒"，认为这是美国虚弱和衰落的迹象。但是在1973 年，美国甚至无法阻止中东地区的主要国家发动全面战争。当埃及和叙利亚对以色列发动突袭时，这对华盛顿来说也是一个意外。美国最终不得不发出核警报，以遏制苏联介入冲突。战争导致了石油禁运，石油输出国组织（OPEC，欧佩克）作为世界事务中的一个重要力量得以建立，以及正如历史学家丹尼尔·耶金（Daniel Yergin）所说，突然发现"美国自身现在终于变得脆弱"。"世界上首要的超级大国"被"一群小国推到了防御状态，并遭到了侮辱"。许多美国人"担心一个时代的终结即将到来"。[1]

20世纪70年代,油价显著上涨,加上越战期间美国的经济政策,使得美国经济陷入严重危机。1973~1975年,美国的国民生产总值下降了6%,失业率从4.5%翻倍到9%。[2] 美国人民遭遇了加油站排队以及滞胀这一新的经济现象(即经济停滞与高通胀同时出现)。从1973年到1982年,美国经济经历了三次衰退。对于美国人而言,当时的"能源危机"就像今天的"财政危机"。在吉米·卡特(Jimmy Carter)的首次全国电视讲话中,他将这场危机称为"在我们有生之年我们的国家将会面临的最大挑战"。尤其令人屈辱的是,这场危机在一定程度上受到美国的两个亲密盟友——沙特王室和伊朗国王——的推波助澜。正如卡特在他的回忆录

---

① Daniel Yergin, *The Prize*: *The Epic Quest for Oil*, *Money*, *and Power* (1991; New York, 2008), pp. 594, 616.
② Westad, *Global Cold War*, p. 635.

中所说,美国人"深感不满的是,世界上最伟大的国家遭到了少数几个沙漠国家的猛然一击"。①

低谷出现在 1979 年,当时伊朗国王被推翻,阿亚图拉·霍梅尼(Ayatollah Khomeini)领导的激进伊斯兰革命上台执政,52 名美国人被劫为人质达一年多。正如尤金所说,人质危机"传递出一个强有力的信息:20 世纪 70 年代世界石油市场的力量转移只不过是全球政治中正在上演的一场更为宏大的戏剧的一部分。我们似乎可以说,美国和西方真的陷入衰落、处于守势,而且看上去不能做什么来维护自己的利益,无论是经济利益还是政治利益"。能源部长詹姆斯·施莱辛格(James Schlesinger)宣称,美国面临着"比丘吉尔半个世纪之前所描绘的更加巨大的世界危机——这是由石油问题所带来的更大的灾难"。他说道,"未来没

① Daniel Yergin, *The Prize*: *The Epic Quest for Oil*, *Money*, *and Power*, p. 662.

有什么缓解措施"。正如卡特所说,"他们用炮弹迎接我们"。①

如果有人想找出美国衰落的例子,那么20世纪70年代会是这样的时候,而且许多人也是这么做的。基辛格认为,美国显然"像许多以往的文明一样,自己的历史最顶点已经过去,……每一个曾经存在过的文明最终都以崩溃告终。历史是由一个个失败的努力构成的故事。"②正是在20世纪70年代,美国经济失去了其压倒一切的主导地位,当时美国的贸易盈余开始转变为贸易赤字,社会保障和社会福利项目的开支激增,美国的黄金和货币储备消耗殆尽。

伴随经济困难而来的是政治和战略上的不安全。最先出现的认识是,历史的潮流在苏联一边。

---

① Daniel Yergin, *The Prize: The Epic Quest for Oil, Money, and Power*, pp. 698, 701.
② Walter Isaacson, *Kissinger: A Biography* (New York, 1992), pp. 697, 696.

苏联领导人自己相信:"力量对比"有利于共产主义;美国在越南的战败和撤军导致苏联官员第一次认为,他们可能实际上会"赢得"漫长的冷战斗争。10年之后的1987年,保罗·肯尼迪描绘两个超级大国都患上了"帝国过度扩张症",但是他认为美国完全有可能会第一个崩溃,遵循帝国消耗殆尽和破产的漫长历史传统。美国在防务上花费太多,承担了太多距离遥远的全球责任,使自己陷于瘫痪。然而,在两年之内,柏林墙倒塌了,又过了两年,苏联解体。事实证明,衰落发生在了其他地方。

接下来是日本的经济奇迹。"其余大国的崛起"始于20世纪70年代末,并且在此后15年间得到延续,日本连同"亚洲四小龙"中的韩国、新加坡、中国台湾地区等似乎要让美国经济黯然失色。令观察家们感到惊讶的不仅仅是日本的相对经济实力,更是日本经济模式明显具有的优越性。1989年,记者詹姆斯·法洛斯(James Fallows)指出,日本的国家指导型经济显然比美国更加自由放任的资本主义具有优势,注定会超越它。[1] 日本将成为下一个超级大国。1992 年,在迈克尔·克莱顿(Michael Crichton)最为畅销的《升起的太阳》一书中,他建议美国人"认真对待日本将成为世界首要工业国家这一事实。日本人的寿命最长。他们的就业率最高,识字率最高,富人与穷人之间的差距最小。他们的制造业产品的品质最好"。[2] 在美国因忙于冷战而陷于破产的时候,日本人却忙于经济建设。正如查默斯·约翰逊(Chalmers Johnson)在 1995 年时所说,"冷战结束了,日本赢了"。[3]

就在约翰逊写下这段话时,日本经济不断恶化,陷入了一蹶不振的停滞时期。随着苏联不复存

---

[1] James Fallows, " Containing Japan," *Atlantic Monthly*, May 1989, p. 40.

[2] Michael Crichton, *Rising Sun* (New York, 1992), p. 349.

[3] Chalmers Johnson, *Japan: Who Governs? The Rise of the Developmental State* (New York, 1995), p. 9.

在,中国尚未展现出经济繁荣的持久能量,美国突然间成为世界上"唯一的超级大国"。但是,即使是当时,美国显然也无法成功解决许多严峻的全球性问题。美国人打赢了海湾战争,推进北约东扩,最终在历尽血腥之后给巴尔干地区带来了和平,并且在20世纪90年代的大部分时间里引导世界上大多数国家接受了经济学上的"华盛顿共识"。但是,其中一些成功开始瓦解,并且伴随着同样重要的失败。在1997年的亚洲金融危机之后,"华盛顿共识"开始崩溃。在这场危机中,美国开出的处方被普遍认为是错误的和具有破坏性的。美国未能制止或者甚至是明显延缓朝鲜和伊朗的核武器计划,尽管它一再宣称自己打算这样做。对萨达姆·侯赛因的伊拉克所施加的制裁机制不仅是徒劳的,而且到20世纪90年代末行将崩溃。美国以及整个世界并没有采取任何措施阻止卢旺达大屠杀,部分原因是美国在一年前的一场失败的军事干预后被赶出了索马里。20世纪90年代,美国最为重要的努力之一就是支持后苏联时代的俄罗斯向民主和自由市场资本主义转型。尽管美国提供了数十亿美元以及大量的建议和专家指导，但是最终发现，俄罗斯的事态发展再次超出自己的控制。

即使是在据说美国处于全球主导的鼎盛时期，美国领导人在解决以色列和巴勒斯坦问题上也并不比现在更成功。尽管有经济上的繁荣，而且广受好评的总统积极致力于达成一项解决方案，但是克林顿政府仍然空手而归。正如前中东和平谈判代表亚伦·戴维·米勒（Aaron David Miller）所描述的那样，比尔·克林顿"比他的任何前任都更加关心并且在更长的时间内在阿以和平问题上投入了更多的时间和精力"，他受到了以色列人和巴勒斯坦人的尊敬和赞赏，然而他"在6个月内举行了3次峰会，每一次都遭遇失败"。① 在

---

① Aaron David Miller, *The Much Too Promised Land* (New York, 2008), pp. 310 – 314.

和平谈判崩溃和巴勒斯坦起义开始之时,克林顿的任期也宣告结束。

20世纪90年代,美国的声望也不太好。1999年,塞缪尔·亨廷顿(Samuel P. Huntington)将美国称做"孤独的超级大国",因为它的"侵略、干预、剥削、单边主义、霸权主义和虚伪的"行为而在全球范围遭到普遍的憎恨。法国外长谴责美国是一个"超级强权",并且公开表示渴望建立一个"多极"世界,在其中美国将不再占据主导地位。一位英国外交官对亨廷顿说:"人们只有在美国才能读到世界希望接受美国的领导。在其他地方,人们读到的是美国的傲慢和单边主义。"①

当然,这是胡说八道。与这位英国外交官的说法恰恰相反,20世纪90年代以及整个冷战时期,许多其他国家的确希望美国承担领导角色,提

---

① Samuel P. Huntington, "The Lonely Superpower," *Foreign Affairs*, March/April 1999.

供保护和支持。问题并不在于美国始终缺乏全球影响力。从二战开始,美国的确是世界的主导大国。它发挥了巨大的影响力,超过自从罗马帝国以来的任何大国,而且它取得了巨大成就。

但是,美国并非无所不能——远非如此。如果我们要想准确地衡量美国目前是否处于衰落之中,就需要有一个合理的测量基准。如果将今天美国的影响力与过去拥有压倒性主导地位的神话相比,只能误导我们。就其最广泛的形式而言,正如亨廷顿所说,国际主导权"意味着一个国家的政府能够比其他国家的政府对更多行为者在更多议题上的行为施加更大影响"。① 主导权并不意味着一个国家能够决定其他所有国家在所有议题或大多数议题上的行为。在目前的世界秩序中,向其

① Samuel P. Huntington, "Why International Primacy Matters," *International Security* 17, No. 4 (Spring 1993).

他国家发号施令的能力并非衡量最成功的领导权的标准。今天，一些崛起国具有明显的独立性，这在某些情况下并不意味着美国影响力的衰落，而恰恰意味着它的成功。因为，美国主导的世界秩序的特征之一恰恰是更多的国家拥有更大的行动自由。这在一定程度上要归功于美国实施全球领导的风格——尽管有内在的犹豫和反复，以及国际外交在总体上的民主方式。它在一定程度上单纯是由于结构性原因，是单极世界秩序的性质所固有的，在这种结构下，一个"孤岛"大国从遥远的距离对世界上的各个权力中心施加影响。与其他的替代性安排比较，这会增加更多国家的行动自由。

冷战时期的两极秩序具有更大的局限性，因为许多国家都被僵硬地锁定在西方阵营或苏联阵营之中。不结盟运动中的国家以及戴高乐时期的法国试图利用冷战斗争，设法摆脱它们在外交政策上的"紧身衣"。多极世界秩序也有更大的局限性。大国需要更加小心谨慎，不要做任何看上去对其他大国有威胁的事情，否则会导致战争。较小国家的自由受到束缚，因为每个大国都希望在自己的势力范围内占据主导——这是大国定义的一部分。它们不会允许势力范围内的小国采取可能导致大国之间冲突的行动，就像塞尔维亚点燃一战的举动一样。在单极秩序下，较小国家享有更大的独立性，因为超级大国可以阻止区域大国压迫它们，如果它选择这样做的话。

因此，如果在当前秩序下更多的国家拥有更大的行动自由，那么这并不表明它的脆弱性。这种秩序成功与否的标准并不在于美国能否告诉所有人应该做什么，而在于这种秩序本身得以维系——民主、繁荣和安全的扩展。巴西在外交政策上的更大自由度和独立性可能是这种秩序成功的标志，而印度发展核武器的更大自由度可能是这种秩序失败的预兆。

今天，美国在许多问题上都缺乏随心所欲的

能力,但是,这并没有阻止它获得与过去一样大的成功,以及遭受与过去一样大的失败。尽管存在诸多争议,但是美国在伊拉克比在越南战争中要成功一些。像在20世纪90年代一样,美国仍然无法制约伊朗的核野心。但是,通过两届政府的努力,它建立了一个更加有效的全球防扩散网络。美国铲除和摧毁"基地"组织的努力取得了巨大成功,与90年代摧毁恐怖主义网络和制止恐怖袭击方面的失败——这些失败最终导致了"9·11"恐怖袭击——相比更是如此。能够使用无人机是武器类型上的一种进步,超越了此前几十年用来打击恐怖分子及其设施的武器类型——巡航导弹和空中打击。与此同时,美国在欧洲的联盟仍是健康的;尽管欧洲自身似乎比过去虚弱,不过这并不是美国的过错。在过去几年间,美国在亚洲的联盟可以说得到了发展壮大,美国与此前关系紧张的印度加强了关系。

因此,纪录是好坏参半的,不过它总是好坏参半的。在某些时候,美国的影响力比今天更大,而在另外一些时候,美国的影响力比现在要小。发挥影响力始终是一场斗争,这或许可以解释为什么自二战结束以来的每一个十年美国人都会担心自己的影响力下降和其他大国的崛起会损害美国的利益。在任何时代,塑造国际环境都面临巨大困难。很少有哪个大国甚至是作出这样的尝试,就算是最强大的国家也很少实现自己的所有或者大部分目标。外交政策就像是打棒球:哪怕你有70%的时候是失败的,你也能进名人堂。

今天面临的挑战非常严峻,中国的崛起是其中最为明显的。但是,这些挑战并不比美国在冷战期间所面临的挑战更大。只有我们回顾历史的时候,冷战才会显得轻而易举。在二战结束时,美国人面临着一项重大的战略危机。即使仅仅从幅员和地理位置看,苏联也似乎威胁到欧洲、中东和东亚的战略重心。在这些地区,它面对的是遭受战争毁灭和一蹶不振的国家。为了迎接这一挑战,美国不得不向每一个地区投射自己的力量,而这种力量虽然巨大,但也是有限的。它必须与地区内的大国建立联盟——其中一些大国是从前的敌国——并且向它们提供经济、政治和军事援助,以帮助它们自力更生,抵制苏联的压力。冷战期间,苏联人发挥了影响,只是保持静止就对美国的利益施加了压力,而美国必须加以应对。值得指出的是,这种"遏制"战略——如今因为其明显的成功而受到推崇——当时被一些有影响的观察家批评是完全不起作用的。沃尔特·李普曼(Walter Lippmann)指责这一战略"是一种错误认识",建立在"希望"之上,将"战略主动权"让给苏联,而美国却将资源消耗在建立虚弱、无能和不可靠的"卫星国与傀儡政府"上。[1]

今天,就中国而言,情况恰好相反。尽管与苏

---

① Walter Lippmann, *The Cold War: A Study in U. S. Foreign Policy Since 1945* (New York, 1947), p. 47.

联相比,中国现在和将来都更加富裕,在世界上所发挥的经济影响力也更大,但是其地缘战略地位更加艰巨。二战使中国处在一个相对弱势的地位,从那时起中国就一直努力摆脱这种弱势。中国的几个邻国都是与美国关系密切的强国。只要中国台湾地区保持"独立",并且在战略上与美国保持联系,只要日本、韩国和澳大利亚等地区强国继续容留美军和美国基地,中国就很难成为地区霸主。中国至少需要有几个盟友,才有机会将美国赶出其在西太平洋地区的据点,不过目前来看,拥有盟友的是美国。美国在前沿基地部署了军队,美国海军目前在属于中国贸易通道的重要水域和航道拥有主导地位。

总之,作为一个崛起中的大国,中国所面临的任务——将美国挤下现有地位——要比美国的任务艰巨得多,因为美国的任务只是保持现有地位。

美国能否做到这一点?今天,抱着悲观情绪,一些美国人对美国能够做到这一点表示怀疑。实际上，他们怀疑美国能否承受继续像以往一样在世界各地扮演主导角色的负担。一些人认为，尽管保罗·肯尼迪关于帝国过度扩张的警告在1987年时可能是错误的，但它准确地描绘了美国目前的困境。财政危机、陷入僵局的政治体制、美国社会的各种弊病（包括工资停滞和收入不平等）、教育体系的弱点、日益老化的基础设施——所有这些现在都被引为理由，说明美国为什么需要在国际上进行收缩，放弃一些海外承诺，聚焦于"本土的国家建设"上，而不是像过去一样试图继续塑造世界。

同样，这些普遍的认识需要加以审视。一方面，美国在多大程度上"过度扩张"了？从历史的角度来看，答案远远不像人们所想象的那样。我们可以考虑一下美国在海外部署的军队人数这一简单的问题。如果听听今天的争论，人们也许会以为美国的海外驻军比以往任何时候都多。但事实并非如此。1953年，美国在海外的驻军有将近

100 万——在朝鲜战场上有 32.5 万,驻扎在欧洲、亚洲和其他地区有 60 多万。1968 年,在外国领土上的美军超过 100 万——在越南有 53.7 万,另外 50 多万驻扎在其他国家。相比之下,2011 年夏季,在美国在两场战争中部署部队人数最多的时候,伊拉克和阿富汗战场上总共部署了约 20 万作战部队,另有约 16 万人驻扎在欧洲和东亚。总体而言,加上驻扎在世界各地的其他部队,美国的海外驻军约 50 万人。这甚至低于冷战期间的和平时期部署人数。例如,1957 年,有超过 75 万人部署在海外。只有在苏联帝国解体和"9·11"事件之间的 10 年里,美国海外部署兵力的人数才少于今天。如果考虑到美国的人口增长,这种对比就更为惊人。1953 年,当美国在海外有将近 100 万驻军时,美国的总人口只有 1.6 亿。今天,当海外驻军为 50 万时,美国人口是 3.13 亿。国家的人口翻了一番,而海外驻军只是 50 年前的一半。

财政开支的情况如何?许多人似乎认为,这

些驻军的费用以及一般而言武装部队的军费在很大程度上导致财政赤字猛增,威胁到国民经济的偿付能力。但情况也并非如此。正如前预算办公室主任艾丽斯·里夫林(Alice Rivlin)所说,有关未来赤字的骇人推测不是"由防务开支的不断上涨所致",更不是由对外援助开支所造成的。[①]有关未来几年赤字失控的预测是社会保障开支暴涨的结果。即使最严厉地削减防务预算每年也只能节省 500 亿~1000 亿美元,这在美国每年 1.5 万亿美元的赤字中只是一小部分——4%~8%。

2002 年,当保罗·肯尼迪惊叹美国"廉价地保持世界上唯一超级大国地位"的能力时,美国的国防开支约占 GDP 的 3.4%。今天,国防开支占

---

① Alice Rivlin, statement at a panel discussion on the U. S. defense budget, Brookings Institution, December 22, 2010. 需要明确的是,她之所以呼吁削减国防预算是因为她认为,所有政府部门在削减债务问题上都需要承担适当的责任。

4%,而在今后几年里这一比例可能会再次降低——从历史的标准看仍然"廉价"。保持世界主导大国地位的代价并不高昂。

此外,如果我们认真对待这种计算的话,那么我们在计算维持这一地位的代价时,不能不考虑丧失这种地位的代价。当然,减少美国在世界上的作用的一些代价是无法量化的:美国人生活在民主国家而非专制国家所主导的世界,这值多少钱?但是,如果有人愿意尝试的话,一些潜在的代价是可以测量的。比如,如果美国军事力量的衰落导致依靠美国实力维持的国际经济秩序的瓦解;如果贸易通道和航道的安全性由于美国海军不再能够提供保护而不复存在;如果大国之间由于不再受到美国超级大国的制约而爆发地区战争;如果美国的盟国由于美国无法对其提供保护而遭受攻击;如果国际体系总体上的自由开放性质变得不再如此——这些都将会造成可以测量的代价。认为这些成本将远远超过每年通过削减国防与外援预算而节约的 1000 亿美元并非没有道理。你可以通过买一辆没有上保险也没有某些安全功能的二手车来省钱，但是如果你遭遇事故怎么办？美国的军事实力一方面通过防止冲突减少了事故发生的风险，另一方面通过减少损失的可能性降低了所发生的事故的代价。这些节省需要被纳入计算之内。作为单纯用金钱来衡量的问题，保持美国目前的介入水平比降低介入水平要廉价得多。

或许，今天有关美国衰落的看法背后最大的担忧并不是美国能否承受继续在世界上扮演其角色的负担。问题在于，美国人能否解决自己最为紧迫的经济和社会问题。的确，如果美国不能解决财政危机，那么美国会遭遇经济衰落。这对美国维持其军事实力的能力会产生影响，并进而使人们质疑其继续作为世界上最具影响力的大国的能力。人们担心社会弊病、政治僵局，以及美国人能否与世界各地新兴经济体那些雄心勃勃而又才干出众的人展开竞争,这种担心并没有什么错。正如托马斯·弗里德曼和其他一些人所问到的,美国人能否做到需要做的事情,以便在 21 世纪的世界中有效地竞争?

唯一诚实的答案是,谁知道呢?然而,如果美国的历史提供了任何指导的话,起码有一定的理由抱有希望。在过去的两个世纪里,有许多次出现政治体制功能失调、陷入无望的僵局的境地,似乎无法找到克服国家所面临的问题的解决方案——这些问题从奴隶制到南北战争后的重建,到 19 世纪末工业化造成的社会失位以及大萧条期间社会福利的危机,再到冷战初期的困惑与偏执。如果诚实地回顾一下 20 世纪 70 年代,包括"水门事件"、越战、经济滞胀和能源危机,任何人都无法真正相信目前的困难是前所未有的。人们会拿民调数据来表明美国人对国家的未来感到绝望。2011 年 9 月,只有 11% 的受访美国人对"事态发展"感到满意。但是,这种情况在经济困难时期并不少见。1992 年,只有 14% 的受访者感到满意。1979 年,这一数字是 12% 。无论是问题的严重性还是失望的程度都不是史无前例的。

过去的成功并不能保证未来的成功。但是,从历史证据来看,有一点似乎显而易见:美国的体制尽管常常有一些令人厌倦的性质,但也显示出比其他许多国家(包括其地缘政治竞争对手)更大的适应和恢复能力。这无疑与美国社会的相对自由有关,因为它奖励创造出新的工作方式的创新者——他们往往位于既有权力结构之外。这也与美国相对开放的政治体制有关,这种体制允许各种运动能够影响政治权威的行为。美国的体制是缓慢而笨拙的,部分原因在于立国之父们就是这样设计的,有一个联邦体制、制约与平衡、一部成文的宪法和人权法案。但是,这个体制也有着在危机迫在眉睫时实施改革的非凡能力。偶尔出现的"关键性选举"使得变革成为可能,对旧的、明显无法解决的问题提供了新的政治解决方案。当然,我们并不能保证一定如此:政治体制无法在不发生战争的情况下解决奴隶制问题。但是,在贯穿美国历史的许多重大问题上,美国人都找到了一条取得和实施全国共识的道路。①

2002 年,当保罗·肯尼迪在惊叹美国这个超级大国的持续成功时,他认为主要原因之一在于,美国人能够克服他在 1987 年时所认为的无法解决的长期经济危机。美国的商人和政客"采取行动对有关'衰落'的辩论做出了强有力的回应:降低成本、精简企业、投资新兴技术、促进通信革命、削减政府赤字。所有这一切都促使生产率逐年大幅提高"。② 可以设想,美国也会积极应对这场最新的经济挑战。

---

① 对于这一点,我要感谢加里·斯密特(Gary Schmitt)的提醒,他是"总统学者奖"获得者,研究立国之父以及美国政府运作方面的权威。他供职于美国企业研究所。

② Kennedy, "Eagle Has Landed."

我们也能合理地预计,其他国家也会像过去一样遭遇自己的问题。目前享有经济奇迹的国家没有任何一个是没有问题的。巴西、印度、土耳其和俄罗斯都有着坎坷的历史,这些历史表明它们的前路并不会上升的坦途。威权主义的中国在短期内可以做出某些经济战略决策,不过一个实际的问题是,它能否长期保持充分的灵活性,以适应不断变化的国际经济、政治和战略环境。

　　总之,美国以往能够安然渡过危机,比其他国家更加强大和健康,而美国的各个竞争对手都步履维艰,这绝不仅仅是因为好运。认为美国可以再次做到这一点也并非简单的一相情愿。

　　但是,美国还是面临一种危险。因为与此同时,尽管国家仍然在努力奋斗,但是美国人可能会相信衰落真的不可避免,或者美国可以暂时摆脱其所承担的全球责任并同时保持国内秩序的井然有序。对于许多美国人来说,接受衰落的事实可能会提供受人欢迎的借口,来逃避自二战以来美国人一直承受的道德和物质负担。许多人无意之中可能会渴望回到 1900 年以前的情况,当时的美国富裕而又强大,而且不必对世界秩序负责。自冷战结束以来,每位总统候选人都承诺以这样或那样的方式更加专注国内事务,减少美国在海外的介入,不过一旦上台就立即违背了这一承诺。

这样一种方针的基本假设是,目前的世界秩序在没有美国实力支撑的情况下(或至少美国实力减弱的情况下)或多或少也会继续维持下去,其他国家会填补空缺,或者世界秩序所带来的好处是永久性的,无须任何国家特别地费力劳神。然而,不幸的是,当前的世界秩序既独特又脆弱。维护这一秩序在每个十年都需要进行奋斗,在未来几十年间也仍将如此。在上台之前期待减少美国所承担的责任的总统们在上台之后很快面对着一个严酷的现实——对于总统而言,通常比总统候选人更加明显——维护目前的世界秩序需要美国始终承担领导责任和作出承诺。

6. 世界秩序多美好

最终,决定权在美国人手中。正如查尔斯·克劳萨默(Charles Krauthammer)所说的,衰落是一种选择。它并不是一种必然的命运,至少目前还不是。在《生活多美好》中,乔治·贝利发现自己处于可怕的危机中——碰巧是一场财政危机——他的银行就要破产,而他的家庭将陷入贫困。他觉得世界如果没有他会变得更好,因此想要自寻短见。但是,一位天使救下了他,带着他经历了一趟狄更斯式的游历,让他看到了自己的小镇如果没有他会是什么模样。如今,小镇被贪婪的银行家霸占,更加破败、残暴和令人悲哀。那些曾经善良好客的人们变得卑鄙而自私。其他人也堕落不堪。当他意识到另一个世界是多么可怕，了解到他在创造自己所生活的世界中扮演着多么特殊的角色，他重新回到生活之中，并且，你瞧，他也发现自己能够找到解决之道。在好运气以及小镇上的正义力量的帮助和鼓励下，他解决了自己的财政危机，生活得比从前更加快乐。

当然，这是好莱坞电影式的结局。在现实世界中，事情的结局并不会这么好。帝国和强国起起伏伏，只是时间早晚问题。但是，时间的确很重要。美国在未来20年中就会开始走向衰落，还是未来两个世纪都不会衰落，无论对于美国人还是他们所生活于其间的世界的性质而言都具有至关重要的影响。如果美国人对于美国主导的世界秩序结束之后会是怎样的情形有更清晰的认识，他们或许会更倾向于继续为维持他们所缔造的世界而努力奋斗，或者至少确保这一体系的变化不会破坏他们以及其他人为之受益巨大的秩序。

如果是这样，那么我们需要做些什么？最重要的是，它意味着我们必须努力支撑塑造这个时代(尽管有种种野蛮行为，但仍是人类历史上的黄金时代)的三个支柱：政治、经济与安全。我们有一种将政治、经济与安全区分开来的倾向——"理想"与"利益"分开，支持民主与保障安全分开——然而，在美国所主导的世界秩序中，它们都是相互关联的。

　　自由主义世界秩序只会得到自由主义国家的支持，我们必须以这一现实为出发点。如果我们期待威权主义的中国或俄罗斯会为支持民主治理和自由主义经济原则——二者紧密联系——添砖加瓦，那将是愚蠢至极。美国人和其他自由国家的人民从当前世界秩序中受益，并且为其提供支持，因此致力于在世界上的威权国家中推进更民主和自由的改革，包括这两个威权大国。之所以如此，并不是因为美国人是这么做的，而是因为支持民主与他们的原则一致，并且让他们对自己感觉良好。更为重要的原因在于,自由主义世界秩序的未来将有赖于此。如果美国的确最终不得不与一个更加富裕和强大的中国分享全球权力,那么中国是继续做一个威权国家还是开始在政治和经济上变得开放将带来巨大差异。中国作为一个民主的超级大国会对美国构成挑战吗?当然会。美国的影响力相对于中国的影响力显然会下降。但是,至少我们更容易相信一个民主的中国会支持自由主义世界秩序,而这一秩序能够让美国在其中继续繁荣发展。这类似于 20 世纪英国与美国之间的权力转移。正如英国可以稳妥地将权力移交给一个崛起中的美国,也正如美国一再试图将跨大西洋权力移交给一个统一而又和平民主的欧洲,美国人也会更加乐意将跨太平洋权力移交给一个崛起中的民主的中国。

更一般而言,到底全球趋势是趋向于更加民主还是世界开始经历尚未到来的大"逆流",都会影响到美国的利益。"阿拉伯之春"的结果是在世界上最为集权的地区造就一群新的民主国家，还是旧的独裁形式或新的神权政治形式占据上风，对美国人而言都有重大的利害关系。

在经济政策方面，美国人需要继续推动和强化国际自由贸易和自由市场机制。当然，这意味着将本国经济重新调整到持续增长的轨道上。正如弗里德曼和其他人所说，这意味着为美国人提供更好的教育和培训，使得他们在竞争性日渐增强的国际经济中能够与其他国家的人们展开竞争。这意味着为技术创新提供更加健康的环境。但是，这也意味着抵制保护主义的倾向，并且利用美国以及其他自由贸易国家的影响力来抵制中国以及其他国家的国家资本主义倾向。在这些以及其他一些问题上，美国和欧洲不能抛弃对方。美国和欧洲加在一起占全球 GDP 的 50%。如果不再彼此对对方幸灾乐祸，而是专注于支持自由贸易、自由市场的国际制度以应对日益增多的内外挑战，那么它们可以发挥更大的全球影响力，即使现在是一个亚洲世纪。

最后，问题的关键在于美国的硬实力。近年来，一些聪明人认为美国过于强调军事力量，而对软实力或所谓的"巧实力"关注不够。这种观点可以理解，尤其是美国在伊拉克和阿富汗的糟糕经历明显表明了军事实力的局限性和代价。但是，我们也有必要想想软实力的局限性。软实力是一种最难以运用的力量。没有哪位美国总统享有与伍德罗·威尔逊相当的国际声望，当时他到巴黎参与条约谈判，结束了第一次世界大战。他是一位世界英雄，然而他发现自己缔造和平、建立新的国际联盟的能力受到了严格限制，很大程度上是因为他的国民拒绝使用美国的军事实力来捍卫和平。约翰·肯尼迪是另一位受到普遍尊敬的总统，他发现自己的声望在他与赫鲁晓夫的交锋中毫无用处。肯尼迪自己也承认，赫鲁晓夫这个人"让我完全没有想到"，而且赫鲁晓夫觉得根据他对肯尼迪弱点的认识，美国会容忍苏联在古巴部署导弹。

软实力的确存在,不过它的影响力很难测量,也很容易被夸大。各个民族和国家都喜欢美国的流行音乐和美国电影,但他们还是不喜欢美国。对于他们而言,某个国家是否具有吸引力不是他们的经济、政策或战略行为的决定因素,当他们的核心利益牵涉其中时尤为如此。

当你做一些对他们有益的事情时,他们就会喜欢你;而当你成为他们前进的绊脚石时,挡着他们的路时,他们就不会喜欢你。即便是在美国最具吸引力的情况下,其影响力也是有限的。不过,即便是在美国最没有魅力的时候,它也实现了一些重大目标,如在尼克松政府与中国建立新的关系之时。

美国对世界上的大部分地区最具吸引力之处并不单纯是它的文化、它的智慧,或者是它的理念。有时,这些因素的确会发挥部分作用;而在其他时候,它们并没有什么关系。最为相关的是美国权力的吸引力,这种权力被使用的方式,以及它被用来达到的目的。自罗马帝国以来的一项真理是:如果没有权力,就没有世界秩序;权力让世界秩序得以维系,塑造其规范,支撑其制度,捍卫其经济体制的动力,并且维持和平。军事实力可能遭到滥用,被笨拙而无效地使用。它可以被用来解决无法应对或没有解决方案的问题。但是,它也是至关重要的。没有哪个宣称放弃权力的国家或国家集团能够指望维持任何类型的世界秩序。如果美国不再是当前秩序的可靠捍卫者,这种秩序就会开始瓦解。人们可能认为,其实处于这种弱势地位的美国人才会有吸引力,但是,如果美国在他们需要帮助的时候无法提供帮助,他们将不得不做出其他选择。

因此,美国人再次需要做出在世界上扮演何种角色的抉择。他们讨厌做出这样的选择。如果说历史能够提供任何指导的话,他们在决策之时会显得犹豫不决、不确定和忧虑不安。美国人可能会认为,他们所承担的角色过于代价高昂。但是,在权衡代价时,他们需要问他们自己这个问题:美国主导的世界秩序值得继续维持吗?

当然,并非所有方面都值得维持。世界总是在不断变化。科技以及新的通信、交通和计算方式产生了新的人类行为模式以及新的经济结构,正如外在环境所发生的变化一样。在国际领域,国家之间以及国家与非国家行为体之间的实力分布总是处于变动之中。一些国家变得更加富裕和强大,另外一些则变得更加贫穷和弱小。如今,一些群体可以对强大的国家造成比以往更大的伤害。未来,新的技术可能会改变力量对比,再次对它们变得不利。试图留住过去、认为旧的方式总足以应对新的环境,这不仅是愚蠢的,而且是徒劳的。世界必须适应新的现实,美国也必须适应新的现实。

不过,我们也不能过于痴迷于变化,以至于我们无法认识一些更加基本和持久的真理:关于权力,关于人性,以及关于信仰与权力之间相互作用从而塑造世界秩序的方式。我们需要认识历史——并不是留恋过去,但是要理解我们时代的独特性。尽管存在诸多错误和灾难,但是美国所塑造的世界是人类历史上最值得瞩目的例外。有朝一日,我们可能别无选择,只能看着它渐渐离我们而去。但今天,我们的确还可以选择。

图书在版编目（CIP）数据

美国缔造的世界/（美）卡根（Kagan，R.）著. 刘若楠译.
—北京:社会科学文献出版社，2013.3
（美国研究译丛）
ISBN 978 - 7 - 5097 - 4267 - 9

Ⅰ.①美… Ⅱ.①卡… ②刘… Ⅲ.①对外政策 - 研究 -
美国 Ⅳ.①D871.20

中国版本图书馆 CIP 数据核字 （2013） 第 022932 号

·美国研究译丛·
美国缔造的世界

著　　者／罗伯特·卡根（Robert Kagan）
译　　者／刘若楠

出 版 人／谢寿光
出 版 者／社会科学文献出版社
地　　址／北京市西城区北三环中路甲 29 号院 3 号楼华龙大厦
邮政编码／100029

责任部门／全球与地区问题出版中心　　责任编辑／张金勇
　　　　　（010）59367004　　　　　　　　　　王晓卿
电子信箱／bianyibu@ ssap. cn　　　　 责任校对／丁立华
项目统筹／祝得彬　　　　　　　　　　责任印制／岳　阳
经　　销／社会科学文献出版社市场营销中心
　　　　　（010）59367081　59367089
读者服务／读者服务中心（010）59367028

印　　装／北京鹏润伟业印刷有限公司
开　　本／787mm×1092mm　1/32　　印　　张／7.125
版　　次／2013 年 3 月第 1 版　　　　字　　数／85 千字
印　　次／2013 年 3 月第 1 次印刷
书　　号／ISBN 978 - 7 - 5097 - 4267 - 9
著作权合同
登 记 号／图字 01 - 2012 - 6605 号
定　　价／29.00 元